Como usar
as histórias em quadrinhos na sala de aula

COLEÇÃO
COMO USAR NA SALA DE AULA

COLEÇÃO
como usar
na sala de aula

como usar ARTES VISUAIS na sala de aula
Katia Helena Pereira

como usar AS HISTÓRIAS EM QUADRINHOS na sala de aula
Angela Rama e Waldomiro Vergueiro (orgs.)

como usar A LITERATURA INFANTIL na sala de aula
Maria Alice Faria

como usar A MÚSICA na sala de aula
Martins Ferreira

como usar A TELEVISÃO na sala de aula
Marcos Napolitano

como usar O CINEMA na sala de aula
Marcos Napolitano

como usar O JORNAL na sala de aula
Maria Alice Faria

como usar O RÁDIO na sala de aula
Marciel Consani

como usar O TEATRO na sala de aula
Vic Vieira Granero

como usar OUTRAS LINGUAGENS na sala de aula
Beatriz Marcondes, Gilda Menezes e Thaís Toshimitsu

Como usar
as histórias em quadrinhos na sala de aula

Angela Rama
Waldomiro Vergueiro
(Organizadores)

Alexandre Barbosa
Paulo Ramos
Túlio Vilela

Copyright © 2004 dos Autores
Todos os direitos desta edição reservados à
Editora Contexto (Editora Pinsky Ltda.)

Diagramação
Gustavo S. Vilas Boas

Revisão
Luciana Salgado

Projeto e montagem de capa
Antonio Kehl

Dados Internacionais de Catalogação na Publicação (CIP)
(Câmara Brasileira do Livro, SP, Brasil)

Barbosa, Alexandre
Como usar as histórias em quadrinhos na sala de aula / Alexandre Barbosa, Paulo Ramos, Túlio Vilela ; Angela Rama, Waldomiro Vergueiro, (orgs.). – 4. ed., 6ª reimpressão. – São Paulo : Contexto, 2025. – (Coleção Como usar na sala de aula)

Bibliografia
ISBN 978-85-7244-270-1

1. Ensino – Meios auxiliares 2. Histórias em quadrinhos na educação I. Ramos, Paulo. II. Vilela, Túlio. III. Rama, Angela. IV. Vergueiro, Waldomiro. V. Título. VI. Série.

04-4695   CDD-371.3352

Índice para catálogo sistemático:
1. Histórias em quadrinhos na sala de aula : Educação   371.3352

2025

EDITORA CONTEXTO
Diretor editorial: *Jaime Pinsky*

Rua Dr. José Elias, 520 – Alto da Lapa
05083-030 – São Paulo – SP
PABX: (11) 3832 5838
contato@editoracontexto.com.br
www.editoracontexto.com.br

Proibida a reprodução total ou parcial.
Os infratores serão processados na forma da lei.

SUMÁRIO

Uso das HQS no ensino
Waldomiro Vergueiro 7

A linguagem dos quadrinhos: uma "alfabetização" necessária
Waldomiro Vergueiro 31

Os quadrinhos em aulas de Língua Portuguesa
Paulo Ramos 65

Os quadrinhos no ensino de Geografia
Angela Rama..87

Os quadrinhos na aula de História
Túlio Vilela..105

Os quadrinhos no ensino de Artes
Alexandre Barbosa...131

Bibliografia 151

Os autores 155

USO DAS HQS NO ENSINO

Sem dúvida, os quadrinhos representam hoje, no mundo inteiro, um meio de comunicação de massa de grande penetração popular. Nos quatro cantos do planeta, as publicações do gênero circulam com uma enorme variedade de títulos e tiragens de milhares ou, às vezes, até mesmo milhões de exemplares, avidamente adquiridos e consumidos por um público fiel, sempre ansioso por novidades. Mesmo o aparecimento e a concorrência de outros meios de comunicação e entretenimento, cada vez mais abundantes, diversificados e sofisticados, não impediram que os quadrinhos continuassem, neste início de século, a atrair um grande número de fãs.

Tamanha popularidade das histórias em quadrinhos, as HQs, não se deu por acaso. A produção, divulgação e comercialização, organizada em uma escala industrial, permitiu a profissionalização das várias etapas de sua elaboração, possibilitando-lhes atingir tiragens astronômicas. Hoje em dia, em quase todos os países, a indústria dos quadrinhos move-se por meio dos esforços de um grande número de profissionais que, muitas vezes, sequer têm contato direto entre si, podendo inclusive estar distantes um do outro milhares de quilômetros, vivendo em países com línguas e culturas diferentes. Assim, as histórias em quadrinhos, além de serem um dos primeiros veículos a caminhar para a padronização de conteúdos, também incorporaram a globalização econômica em seus processos de produção, garantindo, dessa forma, a sobrevivência em um mercado cada vez mais competitivo.

Essa inegável popularidade dos quadrinhos, no entanto, talvez tenha sido também responsável por uma espécie de "desconfiança" quanto aos efeitos que elas poderiam provocar em seus leitores. Por representarem um meio de comunicação de vasto consumo e com conteúdo, até os dias de hoje, majoritariamente direcionado às crianças e jovens, as HQS cedo se tornaram objeto de restrição, condenadas por muitos pais e professores no mundo inteiro. De uma maneira geral, os adultos tinham dificuldade para acreditar que, por possuírem objetivos essencialmente comerciais, os quadrinhos pudessem também contribuir para o aprimoramento cultural e moral de seus jovens leitores.

Pais e mestres desconfiavam das aventuras fantasiosas das páginas multicoloridas das HQS, supondo que elas poderiam afastar crianças e jovens de leituras "mais profundas", desviando-os assim de um amadurecimento "sadio e responsável". Daí, a entrada dos quadrinhos em sala de aula encontrou severas restrições, acabando por serem banidos, muitas vezes de forma até violenta, do ambiente escolar. Aos poucos, tais restrições foram atenuadas e extinguidas, mas não de forma tranquila, sendo na verdade resultado de uma longa e árdua jornada. Para entender melhor esse processo, é preciso recuar no tempo e conhecer um pouco mais a evolução das histórias em quadrinhos e, por consequência, as raízes da resistência a elas por parte de pais e educadores.

A EVOLUÇÃO DAS HISTÓRIAS EM QUADRINHOS

De certa forma, pode-se dizer que as histórias em quadrinhos vão ao encontro das necessidades do ser humano, na medida em que utilizam fartamente um elemento de comunicação que esteve presente na história da humanidade desde os primórdios: a imagem gráfica. O homem primitivo, por exemplo, transformou a parede das cavernas em um grande mural, em que registrava elementos de comunicação para seus contemporâneos: o relato de uma caçada bem sucedida, a informação da existência de animais selvagens em uma região específica, a indicação de seu paradeiro etc.

Assim, quando o homem das cavernas gravava duas imagens, uma dele mesmo, sozinho, e outra incluindo um animal abatido, poderia estar, na realidade, vangloriando-se por uma caçada vitoriosa, mas também registrando a primeira história contada por uma sucessão de imagens. Bastaria, então, enquadrá-las para se obter algo muito semelhante ao que modernamente se conhece como história em quadrinhos. Ainda hoje, as crianças começam muito cedo a transmitir suas impressões do mundo por meio de desenhos, representando seus pais, seus irmãos e seus amigos com rabiscos que nem sempre lembram as pessoas ou objetos retratados, mas que, mesmo assim, cumprem o objetivo de comunicar uma mensagem.

Ainda que de maneira intuitiva, tanto o homem das cavernas como a criança de hoje parecem ter compreendido que, como diz a sabedoria popular, "uma imagem fala mais do que mil palavras". No entanto, embora as figuras das cavernas atendessem satisfatoriamente às necessidades de comunicação do homem primitivo, elas logo se mostrariam insuficientes para acompanhar o desenvolvimento humano. À medida em que as comunidades se tornavam nômades, a escrita simbólica, grafada em materiais mais leves, como o couro ou o pergaminho, passou a funcionar como elemento básico de comunicação. Ainda assim, a formulação dos primeiros alfabetos guardou estreita relação com a imagem daquilo que se pretendia representar, constituindo o que se conhece como escrita ideográfica. É o caso dos hieróglifos e da escrita japonesa, por exemplo.

O advento do alfabeto fonético fez com que a imagem passasse a ter menor importância como elemento de comunicação entre os homens, deixando de existir uma ligação direta entre a maneira como se representa graficamente um objeto ou um animal e a sua forma física real. Esse nível de abstração entre o objeto e seu símbolo representou um avanço extraordinário para a humanidade, pois o novo sistema permitiu ampliar quase que ao infinito as possibilidades de composição e transmissão de mensagens e atingir um grau de comunicação que o desenho, isoladamente, não conseguia atingir. Por outro lado, vale lembrar que o acesso à palavra escrita ocorreu de forma paulatina, atingindo inicialmente apenas as parcelas mais privilegiadas da população, o que garantiu a permanência da imagem gráfica como elemento essencial de comunicação na história da humanidade.

Mesmo o aparecimento da imprensa não impediu que a imagem gráfica continuasse a desempenhar papel preponderante na comu-nicação humana: os séculos imediatamente posteriores ao aparecimento da indústria tipográfica foram palco de uma infinidade de obras que aliavam, com bastante eficiência, a palavra impressa a elementos pictóricos que atendiam aos mais diversos objetivos, desde a doutrinação religiosa à disseminação de ideias políticas, passando ainda pelo simples entretenimento. Exemplos disso são a *Bíblia* ilustrada por Gustave Doré e os milhares de folhetins publicados entre os séculos XVII e XIX, a vasta imprensa humorística inglesa do século XVIII e a abundante produção de histórias infantis na França, Alemanha e Itália, entre outros.

A evolução da indústria tipográfica e o surgimento de grandes cadeias jornalísticas, fundamentados em uma sólida tradição iconográfica, criaram as condições necessárias para o aparecimento das histórias em quadrinhos como meio de comunicação de massa. Ainda que histórias ou narrativas gráficas contendo os principais elementos da linguagem dos quadrinhos possam ser encontradas, paralelamente, em várias regiões do mundo, é possível afirmar que o ambiente mais propício para seu florescimento localizou-se nos Estados Unidos do final do século XIX, quando todos os elementos tecnológicos e sociais encontravam-se devidamente consolidados para que as histórias em quadrinhos se transformassem em um produto de consumo massivo, como de fato ocorreu.

Despontando inicialmente nas páginas dominicais dos jornais norte-americanos e voltados para as populações de migrantes, os quadrinhos eram predominantemente cômicos, com desenhos satíricos e personagens caricaturais. Alguns anos depois, passaram a ter publicação diária nos jornais – as célebres "tiras" –, e a diversificar suas temáticas, abrindo espaço para histórias que enfocavam núcleos familiares, animais antropomorfizados e protagonistas femininas, embora ainda conservando os traços estilizados e o enfoque predominantemente cômico. Levados a todo o mundo pelos *syndicates*, grandes organizações distribuidoras de notícias e material de entretenimento para jornais de todo o planeta, essas histórias disseminaram a visão de mundo norte-americana, colaborando, juntamente com o cinema, para a globalização dos valores e cultura daquele país.

Com as histórias de aventuras, no final da década de 1920, veio também a tendência naturalista nos quadrinhos, que aproximou os desenhos de uma representação mais fiel de pessoas e objetos, ampliando o seu impacto junto ao público leitor. Ao mesmo tempo, o aparecimento de um novo veículo de disseminação dos quadrinhos, as publicações periódicas conhecidas como *comic books* – no Brasil, *gibis* –, nos quais logo despontaram os super-heróis, de extrema penetração junto aos leitores mais jovens, ampliou consideravelmente o consumo dos quadrinhos, tornando-os cada vez mais populares. A Segunda Guerra Mundial ajudou a multiplicar essa popularidade, com o engajamento fictício dos heróis no conflito bélico e seu consumo massivo por grande parte dos adolescentes norte-americanos. As revistas de histórias em quadrinhos tiveram suas tiragens continuamente ampliadas, atingindo cifras astronômicas naqueles anos.

O final da Segunda Guerra Mundial viu o aparecimento de novos gêneros nas revistas de quadrinhos, destacando-se as histórias de terror e suspense, que enfocavam temáticas de gostos duvidosos e traziam representações extremamente realistas. Apesar disso – ou talvez exatamente por isso –, sua popularidade entre os leitores adolescentes continuou a crescer e as tiragens das revistas tornaram-se cada vez mais altas, levando parte da sociedade norte-americana a ficar preocupada com sua enorme influência sobre os leitores infantis.

O período de pós-guerra e início da chamada Guerra Fria foi especialmente propício para a criação do ambiente de desconfiança em relação aos quadrinhos. Fredric Wertham, psiquiatra alemão radicado nos Estados Unidos, encontrou espaço privilegiado para uma campanha de alerta contra os pretensos malefícios que a leitura de histórias em quadrinhos poderia trazer aos adolescentes norte-americanos. Baseado nos atendimentos que fazia de jovens problemáticos, o dr. Wertham passou a publicar artigos em jornais e revistas especializadas, ministrar palestras em escolas, participar de programas de rádio e tevê, nos quais sempre salientava os aspectos negativos dos quadrinhos e sua leitura. Generalizando suas conclusões a partir de um segmento da indústria de revistas de histórias em quadrinhos – principalmente as histórias de suspense e terror –, e dos casos patológicos de jovens e adolescentes que tratou em seu consultório, ele investiu violentamente contra o meio, denunciando-o como uma grande ameaça à juventude norte-americana.

Assim, utilizando-se de exemplos escolhidos a dedo e com rigor científico questionável, o psiquiatra tentava provar como as crianças que recebiam influência dos quadrinhos apresentavam as mais variadas anomalias de comportamento, tornando-se cidadãos desajustados na sociedade. Posteriormente, Wertham reuniu suas observações em um livro denominado *A sedução dos inocentes*, publicado em 1954, que foi um grande sucesso de público e marcou, durante as décadas seguintes, a visão dominante sobre os quadrinhos nos Estados Unidos e, por extensão, em grande parte do mundo. Entre outras teses, o livro defendia, por exemplo, que a leitura das histórias do Batman poderia levar os leitores ao homossexualismo, na medida em que esse herói e seu companheiro Robin representavam o sonho de dois homossexuais vivendo juntos. Ou que o contato prolongado com as histórias do Superman poderia levar uma criança a se atirar pela janela de seu apartamento, buscando imitar o herói.

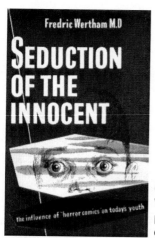

O livro *A sedução dos inocentes*, de Fredric Wertham, que acusava os quadrinhos de provocar anomalias de comportamento em crianças e adolescentes

Devido ao impacto das denúncias do dr. Wertham e de outros segmentos da sociedade norte-americana – como associações de professores, mães e bibliotecários, além de grupos religiosos das mais diferentes tendências –, não tardou para que todos os produtos da indústria de quadrinhos passassem a ser vistos como deletérios, exigindo uma "vigilância" rigorosa por parte da sociedade. Para fazer frente a essa visão, ao final da década de 1940 alguns editores norte-americanos reunidos na Association of Comics Magazine já haviam elaborado uma primeira proposta para depuração das publicações da indústria dos quadrinhos, um Comics Code, que visava garantir a pais e educadores que o conteúdo das revistas não iria prejudicar o desenvolvimento moral e intelectual de seus filhos e alunos.

Bastante breve e genérica, essa primeira proposta não foi suficiente para diminuir a sanha moralista que guiava os detratores dos quadrinhos. Assim, após a publicação do livro do dr. Wertham, a Comics Magazine Association of América sentiu necessidade de elaborar um código mais detalhado, que passou a vigorar para todas as revistas de histórias em quadrinhos. A partir dessa data, cada *comic book* publicado nos Estados Unidos passou a receber um selo, fixado de forma bem visível na capa, como forma de garantir à sociedade a "qualidade" interna. Assim, as editoras norte-americanas tentavam apaziguar os ânimos da vasta classe média branca de seu país, que dizia estar zelando para manter valores morais e religiosos.

Infelizmente, esse movimento formal de classificação dos quadrinhos, em vez de colaborar para o aprimoramento do meio como pretendiam seus idealizadores, teve dois efeitos bastante negativos sobre ele. Por um lado, sob o ponto de vista do mercado, gerou o desaparecimento de grande número de editoras, algumas com propostas bastante avançadas em termos de elaboração de conteúdos temáticos e reconhecimento da produção intelectual de roteiristas e desenhistas, tendo como consequência principal a pasteurização do conteúdo das revistas.

De fato, de uma maneira geral, as revistas de histórias em quadrinhos posteriores ao Comics Code caminharam decididamente para a mediocridade, passando a veicular, em sua grande maioria, histórias pífias e sem grandes pretensões criativas, que realmente pouco contribuíam para o aprimoramento intelectual de seus leitores. Por outro lado, isto fez com que qualquer discussão sobre o valor estético e pedagógico das HQs fosse descartada nos meios intelectuais, e as raras tentativas acadêmicas de dar algum estatuto de arte aos quadrinhos logo seriam encaradas como absurdas e disparatadas.

Em diversos lugares do mundo – França, Itália, Grã-Bretanha, Alemanha e Brasil, por exemplo –, também explodiram as críticas aos quadrinhos, com motivação bastante semelhante (ainda que não tão agressiva) à verificada nos Estados Unidos. Em praticamente todos os países nos quais os quadrinhos eram editados, manifestações contrárias partiram de representantes do mundo cultural, educativo e científico. Alguns países europeus chegaram a estabelecer legislações restritivas aos quadrinhos, proibindo a publicação de material estrangeiro ou determinando critérios rígidos para sua produção no país. No Brasil, os editores elaboraram um código próprio e aplicaram às revistas um selo semelhante àquele desenvolvido nos Estados Unidos:

Código de Ética dos Quadrinhos*

1. As histórias em quadrinhos devem ser um instrumento de educação, formação moral, propaganda dos bons sentimentos e exaltação das virtudes sociais e individuais.

2. Não devendo sobrecarregar a mente das crianças como se fossem um prolongamento do currículo escolar, elas devem, ao contrário, contribuir para a higiene mental e o divertimento dos leitores juvenis e infantis.

3. É necessário o maior cuidado para evitar que as histórias em quadrinhos, descumprindo sua missão, influenciem perniciosamente a juventude ou deem motivo a exageros da imaginação da infância e da juventude.

4. As histórias em quadrinhos devem exaltar, sempre que possível, o papel dos pais e dos professores, jamais permitindo qualquer apresentação ridícula ou desprimorosa de uns ou de outros.

5. Não é permissível o ataque ou a falta de respeito a qualquer religião ou raça.

6. Os princípios democráticos e as autoridades constituídas devem ser prestigiadas, jamais sendo apresentados de maneira simpática ou lisonjeira os tiranos e inimigos do regime e da liberdade.

7. A família não pode ser exposta a qualquer tratamento desrespeitoso, nem o divórcio apresentado como sendo uma solução para as dificuldades conjugais.

8. Relações sexuais, cenas de amor excessivamente realistas, anormalidades sexuais, sedução e violência carnal não podem ser apresentadas nem sequer sugeridas.

9. São proibidas pragas, obscenidades, pornografias, vulgaridades ou palavras e símbolos que adquiram sentido dúbio e inconfessável.

10. A gíria e as frases de uso popular devem ser usadas com moderação, preferindo-se sempre que possível a boa linguagem.

11. São inaceitáveis as ilustrações provocantes, entendendo-se como tais as que apresentam a nudez, as que exibem indecente ou desnecessariamente as partes íntimas ou as que retratam poses provocantes.

12. A menção dos defeitos físicos e das deformidades deverá ser evitada.

13. Em hipótese alguma, na capa ou no texto, devem ser exploradas histórias de terror, pavor, horror, aventuras sinistras, com as suas cenas horripilantes, depravação, sofrimentos físicos, excessiva violência, sadismo e masoquismo.

14. As forças da lei e da justiça devem sempre triunfar sobre as do crime e da perversidade. O crime só poderá ser tratado quando for apresentado como atividade sórdida e indigna e os criminosos, sempre punidos pelos seus erros. Os criminosos não podem ser apresentados como tipos fascinantes ou simpáticos e muito menos pode ser emprestado qualquer heroísmo às suas ações.

15. As revistas infantis e juvenis só poderão instituir concursos premiando os leitores por seus méritos. Também não deverão as empresas signatárias deste Código editar, para efeito de venda nas bancas, as chamadas figurinhas, objeto de um comércio nocivo à infância.

16. Serão proibidos todos os elementos e técnicas não especificamente mencionados aqui, mas contrários ao espírito e à intenção deste Código de Ética, e que são considerados violações do bom gosto e da decência.

17. Todas as normas aqui fixadas se impõem não apenas ao texto e aos desenhos das histórias em quadrinhos, mas também às capas das revistas.

18. As revistas infantis e juvenis que forem feitas de acordo com este Código de Ética levarão na capa, em lugar bem visível, um selo indicativo de sua adesão a estes princípios.

> * Elaborado por um grupo de editores brasileiros de revistas de histórias em quadrinhos, que incluía a Editora Gráfica O Cruzeiro, Editora Brasil-América Ltda, Rio Gráfica e Editora e Editora Abril. Fonte: SILVA, Diamantino da. *Quadrinhos para quadrados*. Porto Alegre: Bels, 1976. p. 102-104

Apesar de sua imensa popularidade junto ao público leitor – composto principalmente por jovens e adolescentes – e das altíssimas tiragens das revistas, a leitura de histórias em quadrinhos passou a ser estigmatizada pelas camadas ditas "pensantes" da sociedade. Tinha-se como certo que sua leitura afastava as crianças de "objetivos mais nobres" – como o conhecimento do "mundo dos livros" e o estudo de "assuntos sérios" –, que causava prejuízos ao rendimento escolar e poderia, inclusive, gerar consequências ainda mais aterradoras, como o embotamento do raciocínio lógico, a dificuldade para apreensão de ideias abstratas e o mergulho em um ambiente imaginativo prejudicial ao relacionamento social e afetivo de seus leitores.

De uma maneira geral, durante os anos que se seguiram à malfadada campanha de difamação contra elas, as histórias em quadrinhos quase tornaram-se as responsáveis por todos os males do mundo, inimigas do ensino e do aprendizado, corruptoras das inocentes mentes de seus indefesos leitores. Portanto, qualquer ideia de aproveitamento da linguagem dos quadrinhos em ambiente escolar seria, à época, considerada uma insanidade. A barreira pedagógica contra as histórias em quadrinhos predominou durante muito tempo e, ainda hoje, não se pode afirmar que ela tenha realmente deixado de existir. Mesmo atualmente há notícias de pais que proíbem seus filhos de lerem quadrinhos sempre que as crianças não se saem bem nos estudos ou apresentam problemas de comportamento, ligando o distúrbio comportamental à leitura de gibis.

O DESCOBRIMENTO DOS QUADRINHOS COMO PRODUÇÃO ARTÍSTICA E EDUCATIVA

O desenvolvimento das ciências da comunicação e dos estudos culturais, principalmente nas últimas décadas do século XX, fez com que os meios de comunicação passassem a ser encarados de maneira menos apocalíptica, procurando-se analisá-los em sua especificidade e compreender melhor o seu impacto na sociedade. Isto ocorreu com todos os meios de comunicação, como o cinema, o rádio, a televisão, os jornais etc. Inevitavelmente, também as histórias em quadrinhos passaram a ter um novo *status*, recebendo um pouco mais de atenção das elites intelectuais e passando a ser aceitas como um elemento de destaque do sistema global de comunicação e como uma forma de manifestação artística com características próprias.

O despertar para os quadrinhos surgiu inicialmente no ambiente cultural europeu, sendo depois ampliado para outras regiões do mundo. Aos poucos, o "redescobrimento" das HQs fez com que muitas das barreiras ou acusações contra elas fossem derrubadas e anuladas. De certa maneira, entendeu-se que grande parte da resistência que existia em relação a elas, principalmente por parte de pais e educadores, era desprovida de fundamento, sustentada muito mais em afirmações preconceituosas em relação a um meio sobre o qual, na realidade, se tinha muito pouco conhecimento. A partir daí, ficou mais fácil para as histórias em quadrinhos, tal como aconteceu com a literatura policial e a ficção científica, serem encaradas em sua especificidade narrativa, analisadas sob uma ótica própria e mais positiva. Isto também, é claro, favoreceu a aproximação das histórias em quadrinhos das práticas pedagógicas.

Por outro lado, a percepção de que as histórias em quadrinhos podiam ser utilizadas de forma eficiente para a transmissão de conhecimentos específicos, ou seja, desempenhando uma função utilitária e não apenas de entretenimento, já era corrente no meio "quadrinhístico" desde muito antes de seu "descobrimento" pelos estudiosos da comunicação. As primeiras revistas de quadrinhos de caráter educacional publicadas nos Estados Unidos, tais como *True Comics*, *Real Life Comics* e *Real Fact Comics*, editadas durante a década de 1940, traziam antologias de histórias em quadrinhos sobre personagens famosos da história, figuras literárias e eventos históricos.

Na segunda metade daquela mesma década, a editora Educational Comics dedicava-se à publicação de histórias em quadrinhos religiosas e de fundo moral, como *Picture Stories from the Bible*, *Picture Stories from American History*, *Picture Stories from World History* e *Picture Stories from*

Science. Títulos como *Classics Illustrated*, reproduzidos praticamente no mundo inteiro, inclusive no Brasil, buscavam aproximar as histórias em quadrinhos das grandes obras literárias, vertendo para a linguagem das HQS os livros dos maiores autores da literatura mundial, como Charles Dickens, William Shakespeare, Daniel Defoe, Victor Hugo, Jonathan Swift, Edgar Allan Poe etc.

Outras publicações faziam da catequese seu maior objetivo, dedicando-se à transmissão de valores defendidos pela religião católica, sobressaindo-se aqueles, como *Topix Comics* e *Treasure Chest*, que se dedicavam às biografias de santos e personagens bíblicos. Mais ou menos na mesma época, na Itália, editoras ligadas à Igreja Católica também utilizaram fartamente a linguagem dos quadrinhos para incutir nas crianças o sentimento religioso, em revistas que foram depois traduzidas e publicadas em muitos países do mundo.

Mas a percepção dos benefícios pedagógicos dos quadrinhos não ficou restrita apenas a autores e editores. Nos anos 50, na China comunista, o governo de Mao Tse-Tung utilizou fartamente a linguagem das histórias em quadrinhos em campanhas "educativas", utilizando-se do mesmo modelo de retratar "vidas exemplares" explorado pelas revistas religiosas, mas enfocando representantes da nova sociedade que se pretendia estabelecer no país. As histórias podiam enfocar, por exemplo, a vida de um soldado que, a caminho de seu quartel, ao encontrar uma pobre velhinha sem forças para caminhar, desviava-se de seu caminho e a levava às costas até sua casa, passando a imagem de "solidariedade" que o governo chinês pretendia vender à população.

Imagem extraída de uma das HQS editadas pelo governo de Mao Tse-Tung: os quadrinhos a serviço da propaganda ideológica

Entidades governamentais de outros países preferiram aplicar a linguagem dos quadrinhos mais diretamente como apoio técnico à utilização de equipamentos e treinamento de pessoal em atividades especializadas. Já durante a Segunda Guerra Mundial, o Departamento de Defesa dos Estados Unidos, com a colaboração do célebre desenhista Will Eisner, utilizou fartamente os quadrinhos na elaboração de manuais para treinamento de suas tropas.

Na Europa, a utilização dos quadrinhos como apoio ao tratamento de temas escolares de forma lúdica, possibilitando um processo de aprendizado mais agradável aos leitores, acentuou-se durante a década de 1970. Na França, por exemplo, a editora Larousse obteve um grande êxito comercial com a publicação de *L'Histoire de France em BD*, em oito volumes, que em sete anos teve mais de 600 mil coleções vendidas, abrindo caminho para que a mesma editora lançasse, em 1983, também em oito volumes, outra obra em quadrinhos com fins educativos, *Découvrir la Bible*. A obra foi depois editada em vários outros países, como Japão, Itália, Espanha e Estados Unidos.

Outros editores, constatando o sucesso comercial desse tipo de publicação, também se aventuraram na mesma linha, com maior ou menor sucesso, ajudando a firmar, perante o público, o entendimento de que as histórias em quadrinhos podiam ser utilizadas para a transmissão de conteúdos escolares, com resultados bastante satisfatórios. Uma relação desse tipo de obras seria extensa e tediosa, mas, só para que se tenha uma ideia de sua abrangência, é importante citar algumas, como *La Philosophie em bande dessinée*, de Huisman y Berthomier, publicado em 1977; *Psychologie em bande dessinée*, de Huisman y Gilet, de 1978; *La vie de J. S. Bach* e *L'Aventure de l'équipe de Cousteau*, de 1985; e a série de títulos que buscam apresentar diversos personagens e temas para "principiantes", entre os quais se encontram obras dedicadas a Freud, Lenin, Einstein, Darwin, Trotsky, Marx, a energia nuclear, o *Capital*, os *Estudos Culturais* etc. Essa tendência se ampliou pelo mundo inteiro, muitas vezes com a tradução de obras publicadas nos Estados Unidos e Europa, além da elaboração de personagens ou temas específicos do local.

Essas obras eram publicadas visando atingir o grande público, demonstrando a possibilidade de utilizar a linguagem dos quadrinhos com objetivos mais amplos que o simples entretenimento; mas a grande maioria delas, com certeza, não buscava, especificamente, o seu aproveitamento no ambiente escolar – ou seja, não podiam ser incluídas naquela categoria de publicações conhecida como "didáticas".

A inclusão efetiva das histórias em quadrinhos em materiais didáticos começou de forma tímida. Inicialmente, elas eram utilizadas para ilustrar aspectos específicos das matérias que antes eram explicados por um texto escrito. Nesse momento, as HQS apareciam nos livros didáticos em quantidade bastante restrita, pois ainda temia-se que sua inclusão pudesse ser objeto de resistência ao uso do material por parte das escolas. No entanto, constatando os resultados favoráveis de sua utilização, alguns autores de livros didáticos – muitas vezes, inclusive, por solicitação das próprias editoras –, começaram a incluir os quadrinhos com mais frequência em suas obras, ampliando sua penetração no ambiente escolar.

Ainda que nem sempre essa apropriação da linguagem tenha ocorrido da maneira mais adequada – na verdade, houve erros e exageros inevitáveis devido à inexperiência na utilização dela em ambiente didático – a proliferação de iniciativas certamente contribuiu para refinar o processo, resultando, muitas vezes, em produtos bem satisfatórios. Atualmente, é muito comum a publicação de livros didáticos, em praticamente todas as áreas, que fazem farta utilização das histórias em quadrinhos para transmissão de seu conteúdo. No Brasil, principalmente após a avaliação realizada pelo Ministério da Educação a partir de meados dos anos de 1990, muitos autores de livros didáticos passaram a diversificar a linguagem no que diz respeito aos textos informativos e às atividades apresentadas como complementares para os alunos, incorporando a linguagem dos quadrinhos em suas produções.

A partir daí, estava talvez indicado o caminho para que as últimas barreiras contra a utilização das histórias em quadrinhos em ambiente didático pudessem ser derrubadas e as HQS pudessem ser utilizadas livremente por professores e alunos no processo de ensino e aprendizagem. Felizmente, as últimas décadas do século passado presenciaram, cada vez mais, a utilização de histórias em quadrinhos pelos professores das diversas disciplinas, que nelas buscaram não apenas elementos para tornar suas aulas mais agradáveis, mas, também, conteúdos que pudessem utilizar para transmissão e discussão de temas específicos nas salas de aula.

Ainda que esta atividade tenha sido inicialmente vista com estranheza pela sociedade – a começar por aqueles professores que haviam crescido na época em que os malefícios da leitura de quadrinhos faziam parte do senso comum –, a evolução dos tempos funcionou favoravelmente à linguagem das HQs, evidenciando seus benefícios para o ensino e garantindo sua presença no ambiente escolar formal. Mais recentemente, em muitos países, os próprios órgãos oficiais de educação passaram a reconhecer a importância de se inserir as histórias em quadrinhos no currículo escolar, desenvolvendo orientações específicas para isso. É o que aconteceu no Brasil, por exemplo, onde o emprego das histórias em quadrinhos já é reconhecido pela LDB (Lei de Diretrizes e Bases) e pelos PCN (Parâmetros Curriculares Nacionais):

Por que as histórias em quadrinhos auxiliam o ensino?
Existem vários motivos que levam as histórias em quadrinhos a terem um bom desempenho nas escolas, possibilitando resultados muito melhores do que aqueles que se obteria sem elas. Vejamos alguns deles:

Os estudantes querem ler os quadrinhos – há várias décadas, as histórias em quadrinhos fazem parte do cotidiano de crianças e jovens, sua leitura sendo muito popular entre eles. Assim, a inclusão das histórias em quadrinhos na sala de aula não é objeto de qualquer tipo de rejeição por parte dos estudantes, que, em geral, as recebem de forma entusiasmada, sentindo-se, com sua utilização, propensos a uma participação mais ativa nas atividades de aula. As histórias em quadrinhos aumentam a motivação dos estudantes para o conteúdo das aulas, aguçando sua curiosidade e desafiando seu senso crítico. A forte identificação dos estudantes com os ícones da *cultura de massa* – entre os quais se destacam vários personagens dos quadrinhos –, é também um elemento que reforça a utilização das histórias em quadrinhos no processo didático.

Palavras e imagens, juntos, ensinam de forma mais eficiente – a interligação do texto com a imagem, existente nas histórias em quadrinhos, amplia a compreensão de conceitos de uma forma que qualquer um dos códigos, isoladamente, teria dificuldades para atingir. Na medida em que essa interligação texto/imagem ocorre nos quadrinhos com uma dinâmica própria e complementar, representa muito mais do que o simples acréscimo de uma linguagem a outra – como acontece, por exemplo, nos livros ilustrados –, mas a criação de um novo nível de comunicação, que amplia a possibilidade de compreensão do conteúdo programático por parte dos alunos.

Existe um alto nível de informação nos quadrinhos – as revistas de histórias em quadrinhos versam sobre os mais diferentes temas, sendo facilmente aplicáveis em qualquer área. Cada gênero, mesmo o mais comum (como o de super-heróis, por exemplo) ou cada história em quadrinhos oferece um variado leque de informações passíveis de serem discutidas em sala de aula, dependendo apenas do interesse do professor e dos alunos. Elas podem ser utilizadas tanto como reforço a pontos específicos do programa como para propiciar exemplos de aplicação dos conceitos teóricos desenvolvidos em aula. Histórias de ficção científica, por exemplo, possibilitam as mais variadas informações no campo da física, tecnologia, engenharia, arquitetura, química etc., que são muito mais facilmente assimiláveis quando na linguagem das histórias em quadrinhos. Mais ainda, essas informações são absorvidas na própria linguagem dos estudantes, muitas vezes dispensando demoradas e tediosas explicações por parte dos professores.

As possibilidades de comunicação são enriquecidas pela familiaridade com as histórias em quadrinhos – a inclusão dos quadrinhos na sala de aula possibilita ao estudante ampliar seu leque de meios de comunicação, incorporando a linguagem gráfica às linguagens oral e escrita, que normalmente utiliza. Devido aos variados recursos da linguagem quadrinhística – como o balão, a onomatopeia, os diversos planos utilizados pelos desenhistas –, os estudantes têm acesso a outras possibilidades de comunicação que colaboram para seu relacionamento familiar e coletivo.

Os quadrinhos auxiliam no desenvolvimento do hábito de leitura – a ideia preconcebida de que as histórias em quadrinhos colaboravam para afastar as crianças e jovens da leitura de outros materiais foi refutada por diversos estudos científicos. Hoje em dia sabe-se que, em geral, os leitores de histórias em quadrinhos são também leitores de outros tipos de revistas, de jornais e de livros. Assim, a ampliação da familiaridade com a leitura de histórias em quadrinhos, propiciada por sua aplicação em sala de aula, possibilita que muitos estudantes se abram para os benefícios da leitura, encontrando menor dificuldade para concentrar-se nas leituras com finalidade de estudo.

Os quadrinhos enriquecem o vocabulário dos estudantes – as histórias em quadrinhos são escritas em linguagem de fácil entendimento, com muitas expressões que fazem parte do cotidiano dos leitores; ao mesmo tempo, na medida em que tratam de assuntos variados, introduzem sempre palavras novas aos estudantes, cujo vocabulário vai se ampliando quase que de forma despercebida para eles. Essa característica dos quadrinhos atende à necessidade dos estudantes de utilizar um repertório próprio de expressões e valores de comunicação, comuns ao grupo em que se encontram inseridos, não agredindo o seu vocabulário normal da forma como o fazem algumas produções literárias (como os livros clássicos de literatura, por exemplo). Dessa forma, pelos quadrinhos, histórias passadas no Velho Oeste norte-americano possibilitam, por sua aplicação naquele contexto específico, a incorporação ao vocabulário dos estudantes de termos referentes àquele ambiente, tanto no que diz respeito a elementos geográficos como sociais ou tecnológicos.

O caráter elíptico da linguagem quadrinhística obriga o leitor a pensar e imaginar – sendo uma narrativa com linguagem fixa, a constituição de uma história em quadrinhos implica na seleção de momentos-chave da história para utilização expressa na narrativa gráfica, deixando-se outros momentos a cargo da imaginação do leitor. Dessa forma, os estudantes, pela leitura de quadrinhos, são constantemente instados a exercitar o seu pensamento, complementando em sua mente os momentos que não foram expressos graficamente, dessa forma desenvolvendo o pensamento lógico. Além disso, as histórias em quadrinhos são especialmente úteis para exercícios de compreensão de leitura e como fontes para estimular os métodos de análise e síntese das mensagens. É o que acontece, por exemplo, quando o professor solicita aos estudantes que passem para a linguagem dos quadrinhos uma história fornecida somente na linguagem escrita, o que irá exigir deles que realizem uma análise detalhada dos fatos narrados e que definam os acontecimentos mais importantes para o desenvolvimento da trama, antes de representá-los graficamente.

Os quadrinhos têm um caráter globalizador – por serem veiculadas no mundo inteiro, as revistas de histórias em quadrinhos trazem normalmente temáticas que têm condições de ser compreendidas por qualquer estudante, sem necessidade de um conhecimento anterior específico ou familiaridade com o tema, seja ela devida a antecedentes culturais, étnicos, linguísticos ou sociais. Uma história que se passe na sociedade japonesa pode, de uma maneira geral, ter sua mensagem principal compreendida por leitores de outros países, ainda que características específicas dessa sociedade sejam desconhecidas para eles (estando aí, provavelmente, um dos motivos do sucesso dos quadrinhos japoneses, os mangás, no Ocidente). Além disso, exatamente por seu caráter globalizador, as histórias em quadrinhos possibilitam, com seu uso, a integração entre as diferentes áreas do conhecimento, possibilitando na escola um trabalho interdisciplinar e o com diferentes habilidades interpretativas (visuais e verbais).

Os quadrinhos podem ser utilizados em qualquer nível escolar e com qualquer tema – não existe qualquer barreira para o aproveitamento das histórias em quadrinhos nos anos escolares iniciais e tampouco para sua utilização em séries mais avançadas, mesmo em nível universitário. A grande variedade de títulos, temas e histórias existentes permite que qualquer professor possa identificar materiais apropriados para sua classe de alunos, sejam de qualquer nível ou faixa etária, seja qual for o assunto que deseje desenvolver com eles.

Todos os pontos mencionados no quadro anterior constituem apenas algumas razões para se defender o aproveitamento das histórias em quadrinhos no ensino. Outros poderiam ser acrescentados, é claro. Porém, mais do que listar essas vantagens, talvez seja interessante fechar essa discussão lembrando duas características bastante pragmáticas do aproveitamento dos quadrinhos em ambiente escolar: acessibilidade e baixo custo.

Mesmo neste momento, início do século XXI, quando a indústria dos quadrinhos está muito longe das tiragens verdadeiramente astronômicas que atingiu no seu período de maior popularidade – quando muitos títulos facilmente atingiam tiragens de milhões de exemplares vendidos –, pode-se dizer que sua disponibilidade é um fator ainda incontestável. Elas podem ser encontradas em praticamente todas as esquinas, em qualquer banca de jornal do país, a um custo relativamente baixo quando comparado com outros produtos da indústria cultural. Além disso, também estão disponíveis em supermercados, farmácias, armazéns, papelarias e outros estabelecimentos comerciais.

Fora itens raros ou exemplares pertencentes a colecionadores, as revistas de histórias em quadrinhos são facilmente obtidas, podendo ser adquiridas diretamente ou emprestadas de terceiros. De uma maneira geral, é possível afirmar que todas as pessoas têm o costume de partilhar suas revistas de quadrinhos, emprestando-as para amigos e familiares, e não oferecem muita resistência quanto a cedê-las para utilização por professores e alunos. Assim, com relativa facilidade, podem os próprios estudantes se encarregar de obter as revistas junto a amigos ou familiares, auxiliando os professores na manutenção de um acervo útil para suas atividades de ensino.

Para utilização em ambiente didático, não é essencial que as histórias em quadrinhos sejam obtidas em primeira mão. Elas podem ser adquiridas em sebos ou lojas que comercializam materiais usados, ou mesmo recortadas de jornais antigos, a um custo praticamente insignificante. Ainda que a possibilidade de exibição de quadrinhos por meio de projetores de *slides* ou *datashows* ajude a atingir os estudantes de forma mais intensa, direta e coletiva, contribuindo para um resultado mais eficiente, isto não é absolutamente essencial para sua utilização. Com os quadrinhos, tanto o professor quanto a instituição escolar estão, em princípio, isentos da necessidade de dispor de caros aparatos eletrônicos para uso em sala de aula.

COMO UTILIZAR OS QUADRINHOS NO ENSINO

Não existem regras. No caso dos quadrinhos, pode-se dizer que o único limite para seu bom aproveitamento em qualquer sala de aula é a criatividade do professor e sua capacidade de bem utilizá-los para atingir seus objetivos de ensino. Eles tanto podem ser utilizados para introduzir um tema que será depois desenvolvido por outros meios, para aprofundar um conceito já apresentado, para gerar uma discussão a respeito de um assunto, para ilustrar uma ideia, como uma forma lúdica para tratamento de um tema árido ou como contraposição ao enfoque dado por outro meio de comunicação. Em cada um desses casos, caberá ao professor, quando do planejamento e desenvolvimento de atividades na escola, em qualquer disciplina, estabelecer a estratégia mais adequada às suas necessidades e às características de faixa etária, nível de conhecimento e capacidade de compreensão de seus alunos.

Consideradas essas questões, a aplicação das histórias em quadrinhos deverá se adaptar ao cronograma do curso, sendo utilizadas na sequência normal das atividades e sem qualquer destaque em relação a outras linguagens ou alternativas didáticas. A utilização da leitura de gibis como um momento de relaxamento para os alunos, uma espécie de descanso no uso de materiais mais nobres, pode atingir resultados exatamente opostos aos pretendidos. Ou seja: a aula não deve parar quando da introdução da leitura de quadrinhos, como se também o professor estivesse necessitando de um descanso na sua árdua tarefa de ensino.

Se for esta a imagem passada aos estudantes pelo uso dos quadrinhos, seus benefícios serão muito limitados. Além de ficar evidente para os alunos que eles estão sendo sutilmente enganados pelo professor, pode gerar desconfiança e mesmo aberta resistência à leitura e uso de histórias em quadrinhos no ambiente escolar (ou mesmo fora dele), comprometendo trabalhos futuros com esse meio, tanto por parte desse professor específico como de seus colegas de outras disciplinas.

Da mesma forma, uma valorização excessiva das histórias em quadrinhos pelo professor, principalmente no momento de sua utilização – como se elas dessem a resposta desejada para todas as dúvidas e necessidades do processo de ensino –, também acaba sendo pouco produtiva, pois coloca o meio em uma posição desconfortável frente às outras formas de comunicação. Os quadrinhos não podem ser vistos pela escola como uma espécie de panaceia que atende a todo e qualquer objetivo educacional, como se eles possuíssem alguma característica mágica capaz de transformar pedra em ouro. Pelo contrário, deve-se buscar a integração dos quadrinhos a outras produções das indústrias editorial, televisiva, radiofônica, cinematográfica etc., tratando todos como formas complementares e não como inimigas ou adversárias na atenção dos estudantes.

Outra questão importante diz respeito à seleção do material a ser utilizado em aula. Considerando o número e variedade de publicações de histórias em quadrinhos existentes no mercado, essa seleção deve levar em conta os objetivos educacionais que se deseja alcançar. Nesse sentido, talvez o ponto fundamental dessa seleção esteja ligado à identificação de materiais adequados – tanto em termos de temática como de linguagem utilizada –, à idade e ao desenvolvimento intelectual dos alunos com os quais se deseja trabalhar, atentando-se a que a primeira não é necessariamente um condicionante da segunda. De uma maneira geral, considerando-se as características relacionadas aos diversos ciclos escolares, é possível fazer algumas considerações em relação aos materiais a serem utilizados em cada um deles, como mostra o quadro a seguir:

Pré-Escolar: os alunos se encontram nas primeiras iniciativas de representação (etapa pré-esquemática), atendendo a necessidades motoras e emocionais. Em seu trabalho com a linguagem, os resultados obtidos são menos importantes que o processo. A relação desses estudantes com os quadrinhos é basicamente lúdica, sem que interfira uma consciência crítica sobre as imagens que aparecem nas histórias em quadrinhos, tanto nas que recebem do professor como naquelas que eles próprios produzem. Nessa fase, é muito importante cultivar o contato com a linguagem das HQs, incentivando a produção de narrativas breves em quadrinhos, sem pressioná-los quanto a elaboração de textos de qualidade ou a cópia de outros modelos.

Nível Fundamental (1ª a 4ª séries): nos primeiros anos, não se pode identificar qualquer salto na capacidade expressiva dos alunos, que evoluem de forma sistemática e gradual para maior reconhecimento e apropriação da realidade que os circunda. Aos poucos, a criança vai deixando de ver a si mesma como o centro do mundo e passa a incorporar os demais a seu meio ambiente, ou seja, evoluindo em termos socialização. Da mesma forma, começa aos poucos a identificar características específicas de grupos e pessoas, podendo ser apresentada a diferentes títulos ou revistas de quadrinhos, bem como ser instada a realizar trabalhos progressivamente mais elaborados, que incorporem os elementos da linguagem dos quadrinhos de uma forma mais intensa.

Nível Fundamental (5ª a 8ª séries): os alunos se integram mais à sociedade que os rodeia, sendo capazes de distinguir os níveis local, regional, nacional e internacional, relacioná-los entre si e adquirir a consciência de estar em um mundo muito mais amplo do que as fronteiras entre sua casa e a escola. O processo de socialização se amplia, com a inserção em grupos de interesse e a diferenciação entre os sexos. Têm a capacidade de identificar detalhes das obras de quadrinhos e conseguem fazer correlações entre eles e sua realidade social. As produções próprias incorporam a sensação de profundidade, a superposição de elementos e a linha do horizonte, fruto de sua maior familiaridade com a linguagem dos quadrinhos.

Nível Médio: os estudantes dessa fase se caracterizam pela mudança de personalidade, devida à passagem da adolescência para a idade adulta. Passam a ser mais críticos e questionadores em relação ao que recebem em aula, não submetendo-se passivamente a qualquer material que lhes é oferecido. Tendem também a ter uma desconfiança natural (e saudável) em relação aos meios, demandando um tipo de material que desafie sua inteligência. Por outro lado, são também, muito pressionados pelo coletivo, perdendo às vezes um pouco de sua espontaneidade ao terem que confrontar suas opiniões pessoais com as do seu grupo. Nas produções próprias, buscam reproduzir personagens mais próximos da realidade, com articulações, movimentos e detalhes de roupas que acompanham o que veem ao seu redor.

A seleção dos materiais em quadrinhos a serem utilizados em aula deve levar em consideração essas características, de forma a atingir resultados mais satisfatórios. Fatores adicionais na escolha são, também: dispor de um texto que não traga erros gramaticais; um tema capaz de despertar e manter o interesse do grupo, que corresponda às necessidades da disciplina a ser ensinada; um material de qualidade gráfica adequada ao uso pretendido; outros aspectos que o professor considere relevantes para sua disciplina.

Por fim, na utilização de quadrinhos no ensino, é muito importante que o professor tenha suficiente familiaridade com o meio, conhecendo os principais elementos da sua linguagem e os recursos que ela dispõe para representação do imaginário; domine razoavelmente o processo de evolução histórica dos quadrinhos, seus principais representantes e características como meio de comunicação de massa; esteja a par das especificidades do processo de produção e distribuição de quadrinhos; e, enfim, conheça os diversos produtos em que eles estão disponíveis.

Ao dominar adequadamente todos esses elementos, qualquer professor estará apto a incorporar os quadrinhos de forma positiva em seu processo didático, dinamizando suas aulas, ampliando a motivação de seus alunos e conseguindo melhores resultados no processo de ensino e aprendizagem. Os textos reunidos neste livro, envolvendo o uso das HQs nas mais diferentes disciplinas, demonstram que, nesse campo, as possibilidades são infinitas.

A LINGUAGEM DOS QUADRINHOS
UMA "ALFABETIZAÇÃO" NECESSÁRIA

A "alfabetização" na linguagem específica dos quadrinhos é indispensável para que o aluno decodifique as múltiplas mensagens neles presentes e, também, para que o professor obtenha melhores resultados em sua utilização.

Em primeiro lugar, nota-se que as histórias em quadrinhos constituem um sistema narrativo composto por dois códigos que atuam em constante interação: o visual e o verbal. Cada um desses ocupa, dentro dos quadrinhos, um papel especial, reforçando um ao outro e garantindo que a mensagem seja entendida em plenitude. Alguns elementos da mensagem são passados exclusivamente pelo texto, outros têm na linguagem pictórica a sua fonte de transmissão. A grande maioria das mensagens dos quadrinhos, no entanto, é percebida pelos leitores por intermédio da interação entre os dois códigos. Assim, a análise separada de cada um deles obedece a uma necessidade puramente didática, pois, dentro do ambiente das HQs, eles não podem ser pensados separadamente.

Ligados a cada um dos códigos, os autores de HQs, ao longo dos anos, foram desenvolvendo e aplicando elementos que passaram a fazer parte integrante da linguagem específica do gênero, permitindo-lhes atingir a rapidez de comunicação exigida por um meio de comunicação de massa por excelência. Alguns desses elementos específicos foram criados dentro do ambiente próprio dos quadrinhos. Outros vão buscar sua inspiração em diferentes meios e formas de expressão, tomando emprestado e apropriando-se de novas linguagens, adaptando-as conforme a criatividade dos autores de HQs.

No clássico *Fábula em Veneza*, aventura de Corso Maltese desenhada por Hugo Pratt, um exemplo didático de utilização dos códigos visual e verbal. Nos três primeiros quadrinhos os dois códigos interagem, nos demais, prevalece o código visual.

Nesse sentido da apropriação da linguagem, cabe lembrar que o meio que mais emprestou recursos de linguagem aos quadrinhos foi, sem dúvida, o cinema, do qual as histórias em quadrinhos aliás sempre estiveram muito próximas, tanto em termos históricos (ambos surgem como indústria na mesma época, final do século xix) como de preferência do público.

A linguagem visual (icônica)

A imagem desenhada é o elemento básico das histórias em quadrinhos. Ela se apresenta como uma sequência de quadros que trazem uma mensagem ao leitor, normalmente uma narrativa, seja ela ficcional (um conto de fadas, uma história infantil, a aventura de um super-herói etc.) ou real (o relato/reportagem sobre fatos ou acontecimentos, a biografia de um personagem ilustre etc.).

Sua menor unidade narrativa será o quadrinho ou vinheta. A sucessão de vinhetas será, no mundo ocidental, organizada no sentido da leitura do texto escrito, ou seja, do alto para baixo e da esquerda para a direita (nos países asiáticos, essa representação ocorrerá da direita para a esquerda, acompanhando a leitura das escritas japonesa e chinesa, por exemplo), o que permitirá o entendimento da mensagem.

Essa mesma ordem de leitura também ocorrerá dentro de cada quadrinho, em relação à disposição dos personagens e suas respectivas falas. Ou seja, acontecimentos que ocorrem antes na sequência temporal – ainda que o intervalo entre os atos representados seja apenas de alguns segundos – são apresentados sempre à esquerda do quadrinho.

Na tira de Garfield, percebe-se como a "leitura" dos quadrinhos, mesmo quando sem a utilização de palavras, segue o mesmo sentido do texto escrito: da esquerda para a direita e de cima para baixo.

A técnica de desenho utilizada nas histórias em quadrinhos vai depender do objetivo de cada criador. Inicialmente, predominavam nas HQs os desenhos caricaturais. A partir do final da década de 1920, no entanto, com a popularização das histórias de aventuras e de super-heróis, os quadrinhos de desenho naturalista tornaram-se muito comuns. A esse respeito, é importante assinalar que a adequação entre o estilo de desenho e a temática abordada na história em quadrinhos é um aspecto muito sugestivo na utilização desse meio na sala de aula: é importante que o professor tenha bem clara a diferenciação de estilos, de modo a tirar vantagens da variedade no processo de ensino.

Três estilos distintos de HQ: o traço realista em Nick Holmes, o desenho estilizado de Zezé e uma representação caricatural dos personagens em Touro Sentado

À linguagem icônica estão ligadas questões de enquadramento, planos, ângulos de visão, formato dos quadrinhos, montagem de tiras e páginas, gesticulação e criação de personagens, bem como a utilização de figuras cinéticas, ideogramas e metáforas visuais. A compreensão de cada um desses elementos também permitirá a melhor utilização das histórias em quadrinhos no ensino e possibilitará até mesmo a elaboração de HQs que utilizem com mais desenvoltura todo o potencial da linguagem típica do meio. A seguir, cada um desses elementos será brevemente apresentado.

O QUADRINHO OU VINHETA

O quadrinho ou vinheta constitui a representação, por meio de uma imagem fixa, de um instante específico ou de uma sequência interligada de instantes, que são essenciais para a compreensão de uma determinada ação ou acontecimento. Isso quer dizer, portanto, que um quadrinho se diferencia de uma fotografia, que capta apenas um instante, um átimo de segundo em que o diafragma da máquina fotográfica ficou aberto.

Assim, dentro de um mesmo quadrinho podem estar expressos vários momentos, que, vistos em conjunto, dão a ideia de uma ação específica. Nos quadrinhos que refletem luta, comuns nas histórias de aventura, pode-se retratar, em um mesmo quadro, tanto o momento do impacto do soco que um personagem dá em outro como os momentos que antecedem essa ação ou acontecem em decorrência desse ato: as palavras de ameaça do agressor, o grito da vítima e o início de sua queda, depois da agressão sofrida.

Vários momentos de uma mesma ação podem ser mostrados em um único quadrinho: no exemplo retirado de Zagor, o soco, o início da queda e o grito da vítima estão na mesma vinheta.

Inicialmente, quando as histórias em quadrinhos começaram a surgir nos jornais dominicais e nas tiras diárias, as vinhetas costumavam ter sempre o mesmo formato. Até hoje, grande parte das tiras diárias costuma utilizar-se desse estilo de apresentação, com poucas variações, principalmente devido às limitações de espaço nos jornais. Com o desenvolvimento do gênero, visando obter mais dinamicidade nas narrativas, as vinhetas passaram a ganhar os mais diferentes formatos. As páginas dominicais, por exemplo, rapidamente começaram a diversificar os formatos utilizados, criando verdadeiros mosaicos em quadrinhos, que até hoje deslumbram os leitores. Artistas como Winsor McCay e Alex Raymond, por exemplo, ficaram conhecidos exatamente pela plasticidade que caracterizava seus trabalhos.

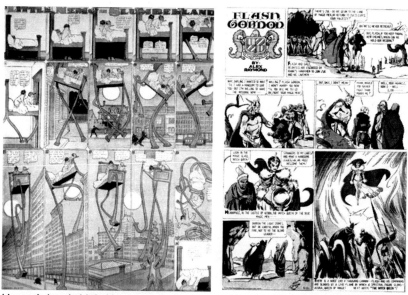

Uma página de Little Nemo, desenhada por Winsor McCay, e outra de Flash Gordon, por Alex Raymond: dois pioneiros na arte de propor novas proporções e formatos aos quadrinhos, conferindo maior dinamicidade à leitura

Atualmente, as histórias em quadrinhos publicadas em revistas, principalmente aquelas do gênero de super-heróis, fazem utilização bastante arrojada de formatos de quadrinhos, intercalando-os de maneira às vezes estonteante. Embora isso atenda a uma característica do leitor moderno, que exige uma narrativa gráfica com maior dinamismo visual e figuras marcantes, pode representar uma barreira para a leitura, principalmente para leitores que não estão acostumados a esse ritmo narrativo, dificultando a compreensão da mensagem. A utilização de diferentes formatos de quadrinhos é também uma característica dos quadrinhos japoneses, muito populares hoje em dia.

A decisão sobre o formato mais adequado de vinheta a se utilizar em uma determinada história dependerá também da ação que o artista procura retratar. Ações que indicam movimento são normalmente melhor expressas em vinhetas retangulares. Por outro lado, a utilização de vinhetas de tamanhos diferentes na mesma página colabora para a leitura da história, afastando bastante a monotonia visual.

Página de Spawn e de Dragon Ball: formatos arrojados são característicos dos quadrinhos modernos; mas devem ser utilizados com parcimônia com alunos não familiarizados com a linguagem

Por sua vez, as linhas que demarcam o contorno das imagens, formando os quadrinhos, também possuem função informativa. Linhas contínuas, sólidas, envolvendo as imagens, indicam que a ação retratada ocorre num momento real, presente – verossímil, portanto. Imagens enquadradas por linhas pontilhadas são representativas de um acontecimento ocorrido em tempo pretérito ou podem mesmo representar sonho ou devaneio de algum personagem (nesse caso, com os mesmos objetivos, podem ser também utilizados quadrinhos com contornos ondulados, em forma de nuvem). Além disso, existe uma abundância de exemplos de histórias em que as linhas demarcatórias dos quadrinhos participaram metalinguisticamente da história, ampliando as possibilidades narrativas do meio.

Na historinha de Chico Bento, o brasileiro Maurício de Souza brinca com as linhas demarcatórias dos quadrinhos, estabelecendo uma espécie de metalinguagem do gênero

Alguns autores preferem até não utilizar a linha demarcatória separando os quadrinhos. Simplesmente a omitem. Na maioria dos casos, no entanto, essa linha é facilmente imaginada pelo leitor de forma quase automática, sua ausência não implicando em qualquer dificuldade adicional para a leitura.

Uma história em quadrinhos sem quadrinhos: o autor, Glauco, omitiu propositalmente as linhas demarcatórias de cada vinheta, sem qualquer prejuízo do entendimento para o leitor

É importante também ter em mente que os contornos dos quadrinhos não representam uma gaiola da qual nada pode escapar. Autores que dominam a linguagem costumam, em determinados momentos-chave, extrapolar os limites dos quadrinhos, fazendo com que parte da ação se desenrole fora deles. Em outros momentos, os quadrinhos, por necessidade narrativa, podem aparecer inter-relacionados, com uma mesma ação sendo contada de forma a virtualmente transpassar os quadrinhos (como a trajetória de uma flecha ou de uma bala, um corpo que se movimenta após um soco etc.)

Na tirinha do Cebolinha, de Maurício de Souza, uma criativa utilização dos quadrinhos: o efeito humorístico é obtido pelo rompimento dos contornos rígidos das próprias vinhetas

Planos e Ângulos de Visão

Nos quadrinhos, os enquadramentos ou planos representam a forma como uma determinada imagem foi representada, limitada na altura e largura, da mesma forma como ocorre na pintura, na fotografia e no cinema. Os diversos planos serão nomeados conforme se referirem à representação do corpo humano. Nesse sentido, os quadrinhos utilizam a denominação utilizada no cinema:

Plano Geral – enquadramento bastante amplo, de forma a abranger tanto a figura humana como, também, todo o cenário que a envolve. É o equivalente às descrições do meio ambiente nos romances:

Las Aventuras de Glenn Dystra

Plano Total ou de Conjunto – representa apenas a pessoa humana e pouco mais, não permitindo ver muitos detalhes do espaço em volta do(s) personagem(ns). A representação do cenário é a menor possível:

Flash Gordon.

Plano Médio ou Aproximado – Representa os seres humanos da cintura para cima. Permite que se tenha mais clareza dos traços fisionômicos e expressões dos personagens e é muito utilizado para cenas de diálogos:

Jim das Selvas

Plano Americano – retrata os personagens a partir da altura dos joelhos, baseando-se na ideia de que, em uma conversação normal, nossa percepção da pessoa com quem se está falando se dilui a partir desse ponto da anatomia humana:

Tex

Primeiro Plano – Limita o enquadramento à altura dos ombros da figura representada, salientando a expressão do personagem e seu estado emocional:

Tarzan

Plano de Detalhe, Pormenor ou *close-up* – limita o espaço em torno de parte de uma figura humana ou de um objeto em particular. Serve para realçar um elemento da figura que normalmente passaria despercebido ao leitor:

Fantasma e *Los inoxidables*

Já os ângulos de visão representam a forma como o autor deseja que a cena seja observada. Basicamente, eles se dividem em três tipos:

Ângulo de visão médio – a cena é observada como se ocorresse à altura dos olhos do leitor. É a mais comum, normalmente utilizada em cenas de ação mais lenta:

Homem Aranha

Ângulo de visão superior – também chamado de *plongé* ou *picado*, nele a ação é enfocada de cima para baixo. Esse ângulo de visão normalmente permite que os personagens sejam diminuídos, quase que encurralados pelo meio ambiente ou pelas adversidades. São utilizados em momentos de grande tensão, quando se deseja causar suspense:

Los inoxidables

Ângulo de visão inferior – Também conhecido como *contre-plongé* ou *contrapicado*, nele se vê a ação de baixo para cima. Em geral, é utilizado para enaltecer, engrandecer ou tornar a figura retratada mais forte do que ela realmente é. Muito comum em histórias de super-heróis, principalmente para salientar a figura do protagonista.

Batman, o cavaleiro das trevas

Logicamente, nenhuma história em quadrinhos irá utilizar planos e ângulos de visão de uma maneira uniforme. Para tornar a leitura mais dinâmica e atrativa, costuma-se alternar os diversos planos e ângulos, fazendo com que um plano geral preceda um plano médio, utilize-se um plano de detalhe para inserir um clima de suspense na narrativa, retrate-se os personagens de cima para baixo nos momentos em que vivenciam grandes perigos ou ameaças e por aí afora. Mais recentemente, as páginas de abertura das histórias costumam trazer um grande quadro que ocupa toda a página, com um plano geral:

Las Aventuras de Glenn Dystra

Montagem

A montagem de uma história em quadrinhos vai depender do tipo de narrativa e do veículo em que ela será publicada. As tiras de jornal, por sua própria característica, precisam trabalhar temas específicos em dois ou três quadrinhos, algumas vezes de forma isolada, em outras, interligadas com tiras anteriores e posteriores. O primeiro modelo é característico de tiras de humor, no qual toda a narrativa se inicia e termina em uma única tira, seguindo a já consagrada fórmula conhecida como *a-gag-a-day* (uma piada por dia). O segundo modelo está ligado às histórias de aventuras, cujas tiras diárias partem de um gancho ou momento de tensão anteriormente dado, um desenvolvimento desse momento e a geração de um segundo momento que criará elo com a tira do dia seguinte, garantindo o retorno do leitor.

Dois modelos de tiras diárias publicadas em jornal: na primeira, em Mafalda, a narrativa se resume aos três quadrinhos daquele dia; no segundo, em Cisco Kid, a ação inicia com a continuação de uma tirinha do dia anterior e, ao final, estabelece um gancho para a do dia seguinte.

A diferença entre os dois modelos é substancial, pois, no primeiro, enquanto a leitura de uma tira isolada permitirá um entendimento completo da mensagem (mesmo quando as anedotas sobre um mesmo tema são desdobradas em vários dias seguidos), no segundo, na maior parte das vezes, a leitura isolada da tira pouco esclarece o leitor, dando a ele impressão de ter interrompido um diálogo de alguém, sem saber sobre que assunto estava-se tratando antes e qual será o eventual desfecho da conversa.

A partir de finais da década de 70, a diminuição de espaço para os quadrinhos nos jornais obrigou muitos editores a limitarem as tiras a dois quadrinhos, o que levou à diminuição do número de tiras de aventuras presentes na imprensa periódica, pois muitos autores encontraram dificuldade para atingir o mesmo clímax narrativo com apenas dois únicos quadrinhos.

Normalmente, as tiras recebem por título o nome de seu personagem ou grupo de personagens mais destacado. Este título normalmente aparece no alto da tira, à esquerda, sendo a primeira coisa a chamar a atenção do leitor, acompanhando o sentido normal de leitura. Após a publicação em jornais, muitas tiras de quadrinhos, devido a sua popularidade junto aos leitores, são reunidas em álbuns, publicados regularmente. Esse novo formato de publicação pode muitas vezes implicar em readaptações de algumas tiras, a fim de evitar redundâncias na narrativa.

Além disso, os editores ou até mesmo o próprio autor podem entender necessário refazer as tiras iniciais – principalmente quando estas foram publicadas muitos anos antes –, atualizando a representação gráfica das primeiras tiras do personagem às linhas atualmente adotadas; outras vezes, podem reagrupar essas tiras segundo os temas tratados, possibilitando uma nova forma de aproximação do leitor à obra. Todas essas questões influenciarão na apreensão do sentido dos quadrinhos e podem ser elementos a merecer consideração por parte do professor na sua abordagem em sala de aula.

Flash Gordon e Charlie Brown: exemplos de quadrinhos que, publicados originalmente em tirinhas de jornal, foram posteriormente rediagramados e reagrupados para publicação em álbuns ou revistas

Histórias elaboradas para publicação em revistas ou álbuns, por sua vez, possuem um ritmo narrativo diferente do das tiras de jornal, dependendo de seus objetivos. Inicialmente, as histórias publicadas nos *comic books* ou gibis eram bastante curtas, com uma média entre seis e sete páginas. Assim, cada revista trazia várias histórias, muitas vezes com protagonistas diferentes, cada história podendo ser lida de forma independente, sem qualquer relação com a outra e sem relação direta com histórias anteriores do mesmo personagem.

Esse modelo prevaleceu na indústria das HQs, principalmente a norte-americana, durante muitos anos, sendo quebrado a partir da década de 60, quando a Marvel Comics, sob a coordenação de seu editor-chefe Stan Lee, introduziu um modelo em que a continuidade narrativa exercia papel preponderante, o que transformou as histórias em quadrinhos publicadas por essa empresa – e por todas aquelas que, voluntária ou involuntariamente, seguiram os seus passos –, em episódios de uma grande e, às vezes, interminável saga.

A primeira página da história, também conhecida como *splash page*, funciona como uma introdução à narrativa que se seguirá. É uma espécie de indicativo sobre o que será tratado nas páginas seguintes, introduzindo o leitor diretamente nos eventos e atmosfera da história, fazendo com que ele compreenda os principais elementos nela envolvidos e retomando, eventualmente, elementos de histórias anteriores.

Essa página inicial pode ter apenas um grande quadro que ocupe toda sua extensão, ou, mais tradicionalmente, um quadro de maiores dimensões seguido por dois outros menores, mas isso poderá variar de acordo com os objetivos do autor. Em histórias de personagens fixos, normalmente sua identificação, em forma de logotipo, aparece no alto da página. Esse logotipo constitui o grande elemento identificador, a marca de fantasia do "produto" específico, que é zelosamente cuidada por parte das grandes editoras. O logotipo garante a identificação imediata do personagem junto a seu público, podendo ser utilizado em produtos derivados dos quadrinhos, como desenhos animados, brinquedos, livros, filmes etc. O logotipo deve interagir graficamente com o projeto gráfico da primeira página, valorizando-o.

Logotipos do Superman, Batman e Spawn: marcas registradas colocadas sempre no início de cada história, conferindo identidade aos personagens

Também em destaque na primeira página vem o título da história, escolhido de forma a funcionar como um atrativo ao leitor. Ele é mais um elemento que poderá ou não levar o leitor a optar pela leitura daquela história ou pela compra da revista, pesando bastante nessa decisão. Por outro lado, pode também representar uma artimanha visando dar ao leitor uma falsa expectativa; nesse caso, o resultado é normalmente contraproducente, deixando o leitor insatisfeito com os resultados, o que pode ser suicida para produtos da grande indústria.

Nas histórias em quadrinhos, a página pode ser considerada como um grande bloco narrativo, representando um segmento de uma ação contada em várias páginas sequenciais. Em boas produções, ela é resultado de um planejamento deliberado, de forma a se encadear com aquilo que a precede e o que lhe é imediatamente posterior. Nesse planejamento, os autores e editores de quadrinhos estão especialmente atentos ao fato de que cada virar de página representa a perda de um pouco da atenção do leitor, que deve ser imediatamente recuperada nos primeiros quadrinhos que ele lê na página seguinte ou que pode ser desviada para outro ponto da narrativa, conforme os interesses imediatos do autor.

Assim, além de considerar as unidades de informação menores – os diversos quadrinhos – é preciso ter em vista sua relação com os demais, ou seja, com o conjunto da página, levando-se em conta que o leitor a enxerga como uma unidade e, ao focalizar sua atenção em um quadrinho específico, continua tendo ainda presente à sua frente, por meio da visão periférica, os outros componentes da mesma página. Poucas pessoas têm uma compreensão exata da complexidade desse sistema de recepção quando se está lendo uma história em quadrinhos e nem, tampouco, que nele talvez repouse a maior responsabilidade pelo fascínio que o meio consegue despertar em seus leitores.

Página dupla de X-Men e uma de Elektra: A leitura de uma página de HQ envolve um complexo e instigante exercício de percepção, em que os detalhes interagem para compor uma unidade carregada de significados e sugestões

Desse modo, a constituição de uma página de quadrinhos é feita de modo a considerar todos os elementos que influem na leitura, buscando criar uma dinâmica interna que facilite o entendimento. Portanto, questões como perspectiva, cores, claro/escuro, tonalidades de sombra e massa etc. influenciam tanto no aspecto gráfico da página quanto na compreensão da mensagem.

Na elaboração de uma história em quadrinhos, o final deve representar o coroamento lógico da narrativa, fechando todos os pontos que foram abertos (no caso de uma história isolada) ou, ao mesmo tempo em que conclui alguns desenvolvimentos temáticos, propor outros que terão continuidade em uma história posterior do personagem, criando o necessário suspense que compelirá o leitor a retornar ao título futuramente. Em termos gráficos, as histórias em quadrinhos geralmente se encerram com um quadro maior, normalmente um grande plano, ao pé do qual se coloca a palavra "fim" ou, no caso de final provisório, alguns indicativos do que poderá ocorrer no próximo episódio.

Zagor e Pernalonga: dois modelos de final de história típicos dos quadrinhos: no canto direito da última vinheta, o convite para uma continuação ou o característico "Fim"

Protagonistas e personagens secundários

A maioria das histórias em quadrinhos produzidas pela grande indústria costuma ter um protagonista fixo, constituindo o que se costuma chamar de "série". O protagonista é graficamente distinto dos demais, tanto por atributos físicos como por suas características sociais e intelectuais. Fisicamente, principalmente no caso das histórias de super-heróis ou de aventuras, costumam ser sempre retratados com o mesmo tipo de roupa, a fim de possibilitar sua identificação imediata por parte dos leitores. Além disso, tanto as cores como os instrumentos utilizados pelos heróis dos quadrinhos podem ter uma função simbólica, reforçando uma determinada visão de mundo.

O Capitão América e seu uniforme que faz referência explícita às cores da bandeira norte-americana: a imagem idealizada do "paladino da democracia"

Por sua vez, em alguns gêneros de quadrinhos, principalmente os de aventuras e de super-heróis, os personagens secundários são estereotipados, podendo ser classificados em algumas poucas categorias: a namorada ou o objeto de interesse amoroso do protagonista; o(s) companheiro(s) do herói; o vilão ou oponente; os personagens de apoio. Em geral, todos esses personagens concorrem para destacar a atuação do protagonista, criando uma situação que, devido à sua complexidade, exige sua interferência pessoal. Os exemplos se multiplicam: o vilão ameaça destruir uma propriedade ou se apropria de bens que não lhe pertencem, o companheiro ou a namorada do herói encontram uma dificuldade que não podem resolver sozinhos, alguma pessoa da comunidade traz ao protagonista uma solicitação de ajuda etc.

A representação gráfica dos personagens – da figura humana, enfim –, vai obedecer ao estilo dos quadrinhos. Histórias cômicas tendem a ter personagens caricatos, histórias de aventuras costumam utilizar-se de uma representação realista dos personagens. Mas isso não é uma regra, pois muitas histórias de aventuras utilizam um desenho estilizado, com personagens caricaturais ou antropomórficos, como, por exemplo, as histórias dos personagens da Disney.

Elementos também importantes para a caracterização dos personagens e compreensão da mensagem das histórias em quadrinhos são suas expressões corporais e faciais, que muito influenciam a compreensão de seu estado de espírito. As expressões faciais seguem um código universalmente aceito para evidenciar cada estado de ânimo, possibilitando expressar os mais variados sentimentos, de acordo com a criatividade de cada autor. Por sua vez, os gestos do personagem acompanham as características definidas para ele.

Por último, é importante lembrar que, sendo um meio de comunicação de massa, muitas histórias em quadrinhos tendem a firmar-se em estereótipos para melhor fixar as características de um personagem junto ao público. Este tipo de representação traz em si uma forte carga ideológica, reproduzindo os preconceitos dominantes na sociedade. E não se trata apenas de representar o herói com uma figura agradável ao olhar e o malfeitor com traços simiescos, mas, às vezes até sub-repticiamente, salientar traços ou situações que fortalecem a visão estereotipada de raças, classes, grupos étnicos, profissões etc. Ainda que hoje em dia esses estereótipos já não tenham a mesma agressividade que tinham no início dos quadrinhos, representações de determinados grupos podem surgir nas histórias em quadrinhos de forma ostensivamente preconceituosa.

Tintin e Morgan: seja numa história de desenho estilizado ou numa de traço mais naturalista, os antagonistas são desenhados de modo a distinguir-se negativamente dos heróis

Figuras cinéticas e metáforas visuais

Nas histórias em quadrinhos, como já comentado, as imagens são sempre fixas. Para dar a ideia ou ilusão de mobilidade, de deslocamento físico, o meio desenvolveu uma série de artifícios que permitem ao leitor apreender a velocidade relativa de distintos objetos ou corpos, genericamente conhecidos como figuras cinéticas. Ainda que seja impossível esgotar aqui todos os tipos possíveis de figuras, pois elas variam de acordo com a criatividade dos autores, as mais comuns são as que expressam trajetória linear (linhas ou pontos que assinalam o espaço percorrido), oscilação (traços curtos que rodeiam um personagem, indicando tremor ou vibração), impacto (estrela irregular em cujo centro se situa o objeto que produz o impacto ou o lugar onde ele ocorre), entre outras.

Para dar a sensação de movimento, os desenhistas de HQ lançam mão das figuras cinéticas, em que traços, linhas e repetições de imagens servem para representar deslocamentos, oscilações e impactos.
Imagens de Gen e Senninha.

Já as metáforas visuais atuam no sentido de expressar ideias e sentimentos, reforçando, muitas vezes, o conteúdo verbal. Elas se constituem em signos ou convenções gráficas que têm relação direta ou indireta com expressões do senso comum, como, por exemplo, "ver estrelas", "falar cobras e lagartos", "dormir como um tronco" etc. As metáforas visuais possibilitam um rápido entendimento da ideia. Elas podem estar localizadas dentro ou fora dos balões. Como no caso das figuras cinéticas, sua variedade é infinita.

Em Mafalda, Tintin, Bidu e Spirou, exemplos das inúmeras possibilidades de utilização das metáforas visuais nos quadrinhos:
os alunos podem ser incentivados a interpretá-las

A Linguagem Verbal

Sendo um sistema de significação que utiliza dois códigos em interação, parte da mensagem das histórias em quadrinhos é passada ao leitor por meio da linguagem verbal. Esta vai aparecer principalmente para expressar a fala ou pensamento dos personagens, a voz do narrador e os sons envolvidos nas narrativas apresentadas, mas também estará presente em elementos gráficos, como cartazes, cartas, vitrines etc. A fim de integrar a linguagem verbal à figuração narrativa, os quadrinhos desenvolveram diversas convenções específicas à sua linguagem, que comunicam instantaneamente ao leitor o "*status*" do enunciado verbal.

Assim, os textos verbais que representam formas de comunicação dos personagens, internas ou externas, aparecem nos quadrinhos envoltos por uma linha circular, próxima à cabeça do(s) que as expressam. Da mesma forma, os textos que contêm a expressão do narrador vêm acondicionados em um retângulo colocado no canto superior esquerdo do quadrinho. A representação verbal de sons é feita nos quadrinhos por meio das onomatopeias, normalmente em caracteres grandes e dispostas na vinheta de maneira a valorizá-la graficamente. A seguir veremos cada um desses elementos em detalhes.

O balão

Frequentemente, quando personagens de histórias em quadrinhos são transplantados para o meio cinematográfico, muitos leitores reclamam de que a voz na tela não corresponde à do personagem. Como pode ser isso? Afinal, os personagens dos quadrinhos não falam.

Eles realmente não falam; no entanto, os leitores leem suas palavras e têm a impressão de ouvi-las em suas mentes. Essa impressão é criada nos quadrinhos pelo uso de balões de fala, que formam um código bastante complexo. Isso acontece porque, principalmente pelo balão, as histórias em quadrinhos se transformam em um verdadeiro híbrido de imagem e texto, que não podem mais ser separados. O balão é a intersecção entre imagem e palavra.

Ele apareceu timidamente nos quadrinhos no final do século XIX, em uma história do personagem Yellow Kid. Descoberto seu potencial, passou a ser utilizado de maneira regular nas histórias dos *Katzenjammer Kids* (Os Sobrinhos do Capitão) e *Little Nemo in Slumberland*, tornando-se depois uma marca característica dos quadrinhos. Sendo uma convenção, o código auditivo transmitido pelo balão passa geralmente despercebido ao leitor, a menos que um comentário textual chame a atenção ou que participe ativamente da narrativa, transformando-se em metalinguagem.

Para a decodificação da mensagem contida no balão, o leitor deve considerar tanto imagem e texto como outros elementos do código que são mais ou menos icônicos por natureza. Como característica única dos quadrinhos, o balão representa uma densa fonte de informações, que começam a ser transmitidas ao leitor antes mesmo que este leia o texto, ou seja, pela própria existência do balão e sua posição no quadrinho. Ele informa que um personagem está falando na primeira pessoa.

A presença do balão ligado por um prolongamento chamado rabicho, apontando um personagem, é um alerta ao leitor, dando-lhe a seguinte mensagem: "Eu estou falando!" Como mais de um personagem pode "falar" em um mesmo quadrinho, o balão também funciona, pela sua disposição, como um indicador da ordem dos falantes, acompanhando a direção linear pela qual se lê. Ou seja: balões colocados na parte superior esquerda do quadrinho devem ser lidos antes daqueles colocados à direita e abaixo. Os balões devem também acompanhar as convenções dos diálogos: o balão que é lido primeiro no quadrinho deve também ser aquele que representa a fala inicial em uma conversa.

Numa sequência de Pernalonga vê-se que a disposição gráfica dos balões no interior dos quadrinhos determina a ordem de leitura e, assim, serve para orientar o leitor quanto à sequência exata da narrativa

Por outro lado, também como resultado de uma convenção desenvolvida no seio da linguagem das HQS, o continente do balão – ou seja, a linha que o delimita – também informa várias coisas ao leitor. Vejamos alguns exemplos:

- linhas tracejadas – transmitem a ideia de que o personagem está falando em voz muito baixa, de forma a não ser ouvido pelos demais;

Chico Bento

Snoopy

- em formato de nuvem, com o rabicho elaborado como bolhas que dela se desprendem – o chamado *balão pensamento*, indicando que as palavras que nele estão contidas são pensadas pelo personagem e não pronunciadas por ele;

Cascão

- com traçado em zig-zag, semelhante a uma descarga elétrica – indica uma voz que procede de um aparelho mecânico como telefone, robô, alto-falante etc. Também pode representar o grito de um personagem;

- levando para fora do quadrinho – indica que a voz está sendo emitida por alguém que não aparece na ilustração;

Revista da Xuxa

Liga da Justiça

- ligado a um balão inferior – representa as pausas que um personagem faz em uma conversação, nelas se intercalando os balões de seu interlocutor;

- com múltiplos rabichos – representa que vários personagens estão falando ao mesmo tempo.

Mafalda

Por sua vez, o texto contido no balão, além de sua mensagem principal, ou seja, o significado das palavras, também transmite uma mensagem específica de acordo com o tipo de letra que é utilizado para sua composição. Normalmente, as mensagens contidas nos balões são grafadas em letras de imprensa maiúsculas, fechando-se a mensagem com um ponto de exclamação. Quando se referem a uma conversa em tom normal, as letras não surgem com qualquer elemento distintivo; em outras ocasiões, elas podem receber tamanho e forma diferenciados, que acrescentam significado ao enunciado principal, como podemos ver nos exemplos:

A grande patrulha

- tamanho normal que o maior, em negrito – significa que as palavras são pronunciadas em tom mais alto que o normal, em geral ligadas a situações de dominação, a expressão de um comando etc.;

- tamanho menor que o normal – representa um tom de voz mais baixo, expressando atitude de submissão, timidez ou a busca de um ambiente confidencial;

Asterix

- tremidas – significam medo; se o tamanho da letra for maior que o normal, deve ser interpretado como um grito de pavor ou de susto;

Flash Gordon

Asterix

- em alfabetos ou tipologias diferentes – representam que o emissor da mensagem está se comunicando em um outro idioma, em geral não familiar a outros personagens da história (e, imagina-se, tampouco ao leitor).

Evidentemente, além desses exemplos, tanto no que se refere à forma dos balões como ao conteúdo, há inúmeras outras possibilidades à disposição da criatividade de cada autor. Um dos grandes atrativos da linguagem dos quadrinhos é exatamente sua dinâmica, sempre possibilitando a incorporação de novas representações gráficas.

A LEGENDA

A legenda representa a voz onisciente do narrador da história, sendo utilizada para situar o leitor no tempo e no espaço, indicando mudança de localização dos fatos, avanço ou retorno no fluxo temporal, expressões de sentimento ou percepções dos personagens, etc. A legenda é colocada na parte superior do quadrinho, devendo ser lida em primeiro lugar, precedendo a fala dos personagens. Em geral ela não tem qualquer função gráfica, carecendo de significado maior. Atualmente, com os recursos da informática, pode ter elementos tipográficos ou cores diferenciadas, para evidenciar uma característica específica do narrador. Por exemplo, em histórias narradas pelos próprios personagens, cores diferentes nas legendas podem indicar a sucessão de narradores.

Exemplo de legenda em *Iznogoud, the infamous*: disposta no alto do quadrinho, representa a voz do narrador

A ONOMATOPEIA

As onomatopeias são signos convencionais que representam ou imitam um som por meio de caracteres alfabéticos. Elas variam de país a país, na medida em que diferentes culturas representam os sons de acordo com o idioma utilizado para sua comunicação. Assim, a representação do canto de um galo, por exemplo, será feita pelo francês como *ki-ki-ri-ki-ki!*, enquanto o brasileiro representará o mesmo som por *co-co-có-ri-có!*

As onomatopeias são fartamente utilizadas na literatura, não constituindo uma convenção específica das histórias em quadrinhos. No entanto, é específica dos quadrinhos a plasticidade e sugestão gráfica que as onomatopeias neles assumiram, ocupando papel importante na linguagem, papel esse que aumentou consideravelmente nas últimas décadas, impondo um ritmo fremente às narrativas de ação e participando graficamente na diagramação das páginas. Nos mangás, por exemplo, as onomatopeias são integradas aos desenhos de uma tal forma que sua tradução e substituição pode quebrar a harmonia do conjunto visual.

Em geral, as onomatopeias são grafadas independentemente dos balões, em caracteres grandes, perto do local em que ocorre o som que representam. A maioria das onomatopeias provém do idioma inglês, mas a difusão dos quadrinhos consagrou representações sonoras próprias a cada idioma. Vejamos alguns exemplos:

Explosão: *Bum!*
Quebra: *Crack!*
Choque: *Crash!*
Queda na água: *Splash!*
Pingos de chuva: *Plic! Plic! Plic!*
Sono: *ZZZZZZZZZZZZZZZZZ!*
Golpe ou Soco: *Pow!*
Campainha: *Rring! Rring!*
Metralhadora: *Rá-tá-tá-tá-tá-tá!*
Beijo: *Smack!*
Tiro: *Bang! Pow!*

Logicamente, as onomatopeias também irão variar de autor para autor, segundo sua procedência e preferências pessoais. Nesse sentido, é importante salientar que alguns autores e editores brasileiros muitas vezes optaram pela adaptação das onomatopeias em inglês à língua portuguesa, entendendo que, sendo a linguagem uma maneira de apreender o mundo, a utilização das onomatopeias originais implicaria na apreensão de uma cultura e psicologia alienígenas, com diversas consequências para os leitores. Esse entendimento perdeu um pouco a sua força em anos recentes, tanto por motivos econômicos como culturais, mas não podemos perder de vista que as onomatopeias em inglês representam apenas uma forma de compreensão dos sons, que pode ser, por sua vez, confrontada com outras possíveis representações. É importante que os professores salientem essa questão.

Spirou

Morgan

OS QUADRINHOS EM AULAS DE LÍNGUA PORTUGUESA

– Em que você trabalha?

– Sou professor de português.

– Nossa, sempre fui mal na sua matéria. Nunca entendi direito aquelas coisas de análise sintática, oração subordinada. Era tudo muito chato.

Que atire a primeira pedra o professor de português que nunca teve na vida uma conversa parecida com essa. O pior de tudo é que nem podemos culpar a grande maioria das pessoas por achar que a língua se resume a orações subordinadas substantivas objetivas diretas ou outro tipo qualquer de classificação. Por muito tempo, o ensino de Língua Portuguesa se resumiu – ou se limitou – a gramáticas normativas, que ditavam aos alunos as regras do que seria a "boa língua" ou a "língua correta".

Não é o caso de condenar as gramáticas normativas ou de desqualificá-las, mas é fato que o conceito de Língua Portuguesa, hoje, é bem mais amplo. Ensina-se a língua em uso, como processo de comunicação, em seus mais diversos contextos. O texto tornou-se o principal suporte pedagógico – e não apenas textos literários. Os alunos passaram a ter contato com outras formas de produção escrita: reportagens jornalísticas, cartas opinativas, publicidades. A gramática normativa deixou de ser o elemento-chave do ensino.

As histórias em quadrinhos também passaram a ser utilizadas em sala de aula e ganharam espaço em muitos livros didáticos. Até os exames vestibulares (a Unicamp constantemente usa quadrinhos em suas questões) e o Enem (Exame Nacional do Ensino Médio) se apropriaram do recurso. No concurso que selecionou docentes para a rede estadual de ensino do estado de São Paulo, realizado em 2003, também havia uma questão com o tema.

Os quadrinhos são, sem dúvida, um riquíssimo material de apoio didático. Sendo bem trabalhados (o que poucas vezes acontece), propõem aos alunos um bom debate e um maior aprofundamento do que seja o uso da língua portuguesa. É bom deixar claro que os quadrinhos são apenas um dos recursos expressivos a serem usados junto aos alunos. Há outros recursos, igualmente pertinentes, que também devem ser abordados.

Outro esclarecimento: este livro e, particularmente, este texto não se propõem a ser um manual ou um roteiro prescritivo, a ser seguido ao pé da letra. O que queremos é demonstrar, por meio de algumas dinâmicas, que é possível ensinar língua portuguesa com histórias em quadrinhos. O ideal seria o professor adaptar as atividades à sua realidade de sala ou, melhor ainda, aprimorá-las, reinventá-las, inová-las. Queremos mostrar que há um caminho fértil a ser seguido, um caminho ainda desconhecido ou ignorado por muitos docentes de Língua Portuguesa. Esperamos que o passeio por esse caminho seja útil e que sirva para estimular novas ideias.

Proposta 1

Tema: adequação/inadequação

Objetivo: fixar a noção de que o contexto torna o uso da língua adequado ou inadequado em determinadas situações.

Imaginemos uma cerimônia de casamento. Espera-se que os homens estejam elegantes em paletós ou fraques. As mulheres não deixarão por menos, com vestidos e maquiagem impecáveis. Nesse contexto, o do casamento, é adequado o uso de roupas elegantes. Situação bem diferente ocorre numa praia. Lá, debaixo de tanto sol e calor, quanto menos roupa melhor. É o adequado àquela situação. Seria engraçado imaginar alguém com paletó na praia ou com calção de banho em um casamento. Pelas regras sociais em que vivemos, ficaria bem estranho, não?

O mesmo ocorre com o uso da língua. Em determinadas situações, é adequado falar ou escrever de determinado jeito; em outras, não. Um *e-mail* a uma empresa, pedindo emprego, tende a ser formal, seguindo ao máximo as regras ditadas pela norma culta. Um outro *e-mail*, escrito a um amigo muito próximo, provavelmente será bem mais informal. Da mesma forma, numa entrevista de emprego (língua oral, portanto), falamos de um jeito mais polido e nos policiamos mais sobre o que dizemos. Num bate-papo em um bar, regado a cerveja, com certeza, será o contrário.

Nós, professores, devemos orientar os alunos e fazê-los perceber que, em determinadas situações, é adequado ou inadequado falar ou escrever de maneira mais ou menos formal, mais ou menos próxima à variante culta. Note-se que, ao dizermos adequado/inadequado, evitamos utilizar aqui os conceitos de certo/errado, comuns apenas à gramática normativa.

Chico Bento: para a gramática normativa, ele fala "errado"

Tomemos esse exemplo do personagem Chico Bento, do brasileiro Maurício de Sousa. Há dois personagens: o de chapéu, Chico Bento, morador de uma região rural, e seu primo, que vive numa zona urbana. Há as diferenças visuais dos dois, marcadas principalmente pelo cabelo (arrumado de um; despenteado de outro) e pelo chapéu de palha, mais comum a quem habita no campo. As diferenças são percebidas também na representação da fala dos dois. O primo se expressa de uma maneira mais próxima à norma culta. Chico Bento é apresentado como um típico caipira. Percebe-se isso pela ortografia ("isquisito"; "qui"; "ca ropa di baxo"), que procura reproduzir uma maneira própria de fala.

Aos olhos da gramática normativa, o caipira criado por Maurício de Sousa fala "errado". Vale a pergunta: tal fala não está adequada, dentro do contexto situacional? Ao que tudo mostra, sim.

A proposta é usar quadrinhos como esse para instigar uma discussão com a sala. Seria interessante que os alunos analisassem o desenho e os diálogos. O próximo passo seria uma análise dos elementos visuais e textuais. Quem é do campo e quem é da cidade? Por quê? Quais os aspectos visuais que confirmam a hipótese do estudante? E os elementos verbais, indicam o quê? Nesse ponto, pode-se acrescentar à discussão o conceito de adequado/inadequado, em oposição ao de certo/errado. Aparentemente, parece errada a fala de Chico Bento, mas não é adequada dentro da história? Amplia-se o debate para outras situações, inclusive vividas pelo estudante. Uma boa dinâmica seria, ao final das discussões, propor que escrevessem um texto qualquer. Pode ser um bilhete a um amigo. Após a escrita, os alunos justificariam aos colegas se a opção de escrita é adequada ou não à proposta. Não há aqui uma resposta final, definitiva: há respostas que dependem da argumentação de cada estudante.

O objetivo final é deixar claro que, em determinados contextos, é adequado seguir as regras da norma culta. É o que ocorre numa resposta dissertativa de prova, por exemplo. Em outras situações, como num *e-mail* ou num bilhete, escrito durante alguma das aulas, pode-se ter uma liberdade maior na escrita.

Um detalhe: o personagem Chico Bento foi, por muito tempo, bastante criticado por alguns colegas professores por falar "errado".

PROPOSTA 2

Tema: variação linguística

Objetivo: demonstrar ao aluno que a língua não é homogênea e que varia em diferentes aspectos.

A língua varia de diversas maneiras. Há dois séculos, falava-se de forma diferente da de hoje. Um morador do sertão brasileiro se expressa de um jeito bem diverso de uma pessoa que, por exemplo, mora num grande centro urbano (como ilustram muito bem as obras de João Guimarães Rosa e também o quadrinho usado como exemplo na proposta anterior. Os adolescentes, até por autoafirmação, tendem a se comunicar de maneira própria, abusando das gírias, diferentemente de como seus pais falam. Na empresa em que trabalhamos falamos de um jeito; em casa, de outro. A própria língua culta, a que segue as regras gramaticais, é vista como uma variante.

Em *Quarteto Fantástico*, o herói é chamado de "pão": é uma gíria que, hoje em dia, ninguém mais usa

Os quadrinhos nos dão muitos exemplos de variação linguística. Na proposta 1, tivemos um caso do que seria uma variação regional. Nesse exemplo, temos uma história do grupo de super-heróis Quarteto Fantástico, publicada no Brasil em 1971. Os diálogos foram traduzidos do inglês para o português (a revista foi publicada originalmente nos Estados Unidos). O contexto, sempre importante, é o seguinte: o personagem do meio, Ben Grimm, o Coisa, acabou de voltar à forma humana. Graças à exposição a raios cósmicos, ele havia adquirido a forma de um ser de pedra. A colega, a Mulher-Invisível, dá a ele os cumprimentos pela façanha: "Oh, Ben, você voltou a ser um *pão*". Aos mais jovens, chamar alguém de "pão" pode soar estranho, mas o termo era algo comum a seus pais ou avós, lá pelos idos dos anos 60 ou 70. A expressão é uma gíria, própria à época.

Historicamente, a palavra caiu em desuso e abriu espaço a outras expressões. Por que ocorre essa mudança na língua? Outra pergunta que poderia ser feita aos estudantes é se as palavras ou gírias que eles usam hoje serão as mesmas daqui a, digamos, dez anos. Um trabalho prático interessante seria entrevistar parentes de mais idade e verificar quais os termos que eles usam. São termos antigos ou ainda são usados?

A dificuldade dessa dinâmica é encontrar material antigo em quadrinhos. Muitas das edições são itens de colecionador. De qualquer forma, não custa procurar nos sebos ou em gibitecas. Ou por que não levar os alunos a uma gibiteca e pedir que eles mesmos encontrem palavras mais antigas?

Outra possível dinâmica é sobre a variação situacional. Observe o quadrinho a seguir:

Em Cebolinha, o vendedor se expressa de forma diferente a cada quadrinho: caso de variação linguística situacional

No exemplo, de uma história de Cebolinha, outra criação de Maurício de Sousa, percebemos que o vendedor se expressa de três maneiras diferentes. No primeiro quadrinho, ele procura ser educado. Parte da polidez é indicada pela marcação das pausas por meio de reticências. No segundo quadro, ele "pensa" (com o auxílio de um balão de pensamento) de forma mais determinada, ardilosa até (ideia reforçada pela fisionomia do personagem). Provavelmente, é o jeito como fala cotidianamente. Essa impressão é reforçada pelo aspecto visual: seu rosto sugere que pretende "aprontar" alguma. No terceiro quadro, sua fala muda: é cheia de adjetivos superlativos, necessários à caracterização do personagem (estereotipada, é verdade), enquanto exerce a função de vendedor. O importante é destacar que o mesmo personagem se manifestou de maneiras diversas e que o uso da língua variou conforme o contexto.

É evidente que o debate pode ser ampliado. Como o aluno age na sala de aula, em casa, falando com alguma autoridade? Da mesma forma? Uma boa prática, após a discussão sugerida pela história em quadrinhos, seria que o estudante escrevesse uma carta (tema livre) a um jornal como a *Folha de S. Paulo* ou *O Estado de S. Paulo*. Depois, reescrevesse as mesmas construções do texto, agora imaginando que a carta seria endereçada a uma adolescente, leitora de uma revista como *Contigo*. Seria a mesma escrita ou o uso da língua iria variar conforme a situação?

O tema variação linguística é bastante amplo e extremamente pertinente ao ensino e uso da Língua Portuguesa. Aqui, oferecemos uma amostra mínima do que poderia ser trabalhado. Os quadrinhos abrem espaço para inúmeras abordagens.

PROPOSTA 3

Tema: preconceito linguístico
Objetivo: orientar os estudantes para a existência do preconceito linguístico.

É comum ouvir uma expressão do tipo "Como esse cara é burro! Fala tudo errado". Caberia a pergunta: o que exatamente entendemos por certo ou errado? Já discutimos o problema na proposta 1. Vários fatores interferem na forma como as pessoas falam: idade, nível de escolaridade, região onde moram etc. São maneiras diferentes de usar a língua. O que deve ficar claro é que elas são igualmente válidas, nem melhores, nem piores: são apenas diferentes.

Na prática, não é bem assim. Quem foge à variante culta é visto como pouco instruído, é desprestigiado em determinados contextos sociais. Surge aí o que se convencionou chamar de preconceito linguístico: as pessoas são vistas não como diferentes; elas são divididas entre as que usam a forma linguística "correta" e as que a utilizam de maneira "errada". Há, em suma, discriminação.

O exemplo a seguir, que já foi alvo de provas do Enem e do vestibular da Unicamp é particularmente pertinente ao que estamos discutindo:

Tira dos Piratas do Tietê, de Laerte, publicada na *Folha de S. Paulo*

A tira de Laerte, Piratas do Tietê, sugere um debate sobre o preconceito. O morador de um centro urbano abraça os prédios de sua metrópole, incitando o outro personagem a cair fora da sua *city*. O termo, em inglês, é uma forma de caracterizá-lo como pessoa ligada à modernidade, familiarizado com a língua inglesa. O nordestino – sugere-se a origem do personagem por meio de expressões como "apois" e "que é de meu" e pela representação visual – diz que vai levar apenas a "sustança", ou a mão de obra, como sugere a história.

A prova do Enem pedia que o aluno fizesse uma associação entre o papel do migrante e a palavra "sustança". Como a questão era de alternativas, a mais coerente era a que apresentava as palavras "discriminação" e "força de trabalho", respectivamente. É evidente, no entanto, que o tema permite uma série de outros caminhos a serem trabalhados em sala de aula.

Uma primeira pergunta a ser feita é se, na opinião dos estudantes, o migrante nordestino é vítima de preconceito num grande centro urbano, como São Paulo ou Rio de Janeiro. Há alguém que possa dar um testemunho? Por que ocorre o preconceito? Como esse preconceito se reflete no modo como usamos a língua? Há formas de falar e escrever que são menos valorizadas? Quais? O estudante poderia listá-las e justificar os motivos. Uma pessoa, por se expressar bem, é melhor que outra, que não domina tão bem assim a língua?

Justificado o que se entende por preconceito linguístico, caberia a pergunta: nós, estudantes e professores, demonstramos esse tipo de preconceito? O tema é dos mais atuais. E também dos mais polêmicos. O importante é que o estudante se posicione a respeito. A discussão poderia terminar com a produção de um texto dissertativo ou argumentativo sobre o assunto.

Proposta 4

Tema: fala e escrita

Objetivo: mostrar ao aluno que fala e escrita não são línguas diferentes, mas modalidades linguísticas complementares.

Há duas ideias que predominam sobre este tópico: 1) fala e escrita são diferentes; 2) coloca-se a escrita num patamar superior ao da fala. Os estudos recentes sobre a oralidade reavaliaram as duas noções. Hoje, fala e escrita são vistas como práticas complementares, e não como unidades diferentes. Há o que se chama de *continuum:* um gênero pode ser mais ou menos próximo à escrita, mais ou menos próximo à fala.

Vamos ver se com exemplos isso fica mais claro. Imagine que esta folha é o tal *continuum.* O lado esquerdo é a fala. O direito é a escrita. A área próxima ao meio da página é uma região intermediária, em que é difícil dizer quando começa uma e termina a outra. Quanto mais se aproxima do meio, a produção está mais próxima ou do oral ou do escrito. Um texto científico ficaria no extremo direito. É basicamente uma produção escrita, com todos os formalismos próprios à variante culta. Já um *e-mail* ficaria no mesmo lado direito, mas bem mais próximo do meio da folha. Um bate-papo entre amigos figuraria no canto esquerdo. Um telejornal, em que os apresentadores leem as notícias, já migraria para o centro.

As noções de fala e escrita, essenciais para estudos de Língua Portuguesa, são fartamente exemplificadas nos quadrinhos. Basta observar os balões. Com maior ou menor fidelidade, eles procuram representar na escrita vários aspectos da fala (a própria função do balão é colocar palavras na boca dos personagens). É o mesmo recurso do discurso direto em textos literários.

Quadrinho de Justiceiro: marcas de oralidade

Os quadrinhos de super-heróis, publicados atualmente no país, oferecem farto material. Veja esse caso, tirado de uma história do personagem Justiceiro. Há várias expressões, comuns à língua oral, inseridas nos balões: "pra"; "a gente"; "tenho visto ela". As reticências indicam pausa, uma das características da fala. O tradutor procurou caracterizar o personagem de camisa preta com um modo de falar peculiar. Percebe-se pela exclusão dos primeiras sons de "stória", pelo "u" de "bunita" e o "i" de "líndia". Sem falar da gíria "mermão".

Os próprios estudantes podem pesquisar em casa o material a ser trabalhado. Selecionariam uma história e levantariam as marcas de oralidade. Em classe, poderiam expor aos demais colegas suas constatações e os motivos que os levaram a adotar tais conclusões.

Nesse exemplo, fica claro que há presença da fala na escrita. Em quais outros casos os alunos diriam que ocorre processo semelhante? E da escrita na fala? Os exemplos que forem surgindo podem ser tema de novas dinâmicas. Em suma: deve-se evidenciar que fala e escrita não são opostas, mas complementares em vários aspectos.

Proposta 5

Tema: aspectos da oralidade
Objetivo: mostrar que a fala não é desregrada; ao contrário, possui características próprias.

O próprio objetivo desta proposta resume bem o tema. A fala não é o lugar do caos, como se costuma imaginar. Ela possui características próprias, muitas vezes ignoradas em detrimento de um ensino que privilegia a escrita.

Em linhas bem gerais, a língua falada ocorre num processo de interação, em que duas ou mais pessoas dialogam. Geralmente, fala um de cada vez (cada fala é chamada de turno conversacional) sobre um determinado assunto (tópico discursivo). A língua falada apresenta várias expressões ou palavras, próprias à oralidade ("né", "tipo assim", "daí" etc.). A tira a seguir, de Laerte, procura "brincar" com esses conceitos:

O super-herói Overman discute com sua cópia em Piratas do Tietê

Há uma briga por turnos, em que um toma a vez do outro. A brincadeira está na não alternância do turno, do segundo para o terceiro quadrinho, o que fica claro no conteúdo do balão do último quadro: "Estava na minha vez".

Qualquer história em quadrinhos que tenha balões serviria para trabalhar esse ponto em sala de aula. É um trabalho que o estudante pode fazer sozinho ou em dupla. Primeiro, identificam-se os diálogos. Depois, os personagens que "falam". É mais um exercício de constatação. Cumprida essa etapa, o aluno é instigado a debater, em grupo ou com a sala, questões como: 1) os personagens "falam" ao mesmo tempo?; por que não?; o que aconteceria se o fizessem?; 2) os diálogos podem ser feitos individualmente, sem a presença de uma outra pessoa?; por quê?; 3) por que há a necessidade de falarmos, de dialogarmos?; como deveríamos proceder, se não existisse tal recurso?; 4) no caso de os personagens falarem ao mesmo tempo (sobreposição de vozes), como seria a representação na linguagem dos quadrinhos?; e na escrita?

Outra forma de abordar o tema é colocar um par pergunta/resposta e omitir a sequência da história. Com base na resposta do personagem, qual seria ou deveria ser a conduta de quem fez a pergunta, que volta a ter o turno? Ou, em outras palavras, de que modo a resposta influencia na atitude do perguntador? Como a resposta se reflete no conteúdo de sua fala? Depois de uma discussão, apresenta-se o desfecho e alerta-se para a importância do outro para a condução e para o rumo de um diálogo.

Uma dinâmica bastante interessante – fiel ao princípio da transdisciplinaridade – seria sugerir que o aluno fizesse uma história em quadrinhos, desenho e texto, para perceber a importância do diálogo. Ou, se o estudante não se sentir seguro o suficiente na arte de desenhar, pode-se propor um roteiro de história em quadrinhos, a ser entregue para um desenhista, que pode ser até mesmo outro colega de sala. Esta última teria resultados riquíssimos, porque o estudante deveria ser claro o suficiente na descrição da sua ideia, na medida em que irá orientar o desenho do colega.

O ponto central é que o aluno veja nos quadrinhos uma repro-dução de como ele mesmo usa a língua oralmente e de como a presença de uma outra pessoa é importante no processo de interação. O entendimento de tais características torna o aluno mais crítico e seguro quanto ao processo de comunicação.

Proposta 6

Tema: caracterização dos personagens
Objetivo: fazer o aluno perceber como o uso da língua é importante para a caracterização dos personagens em textos narrativos.

Na literatura em geral, o autor faz o que quer com seus personagens. Ele os torna maus, bons, heróicos, covardes, românticos, sedutores, canalhas, fiéis, traidores. O uso apropriado da língua tem papel fundamental nesse processo. Em tese, um antagonista mau tem de falar como uma pessoa má. Do contrário, pareceria incoerente. Um protagonista idoso e moralista, lógico, deve se expressar como um idoso e moralista. A língua, em especial a escolha das palavras, é fundamental nesse processo de caracterização dos diálogos dos personagens, embora nem sempre nos demos conta disso.

Nos quadrinhos não é diferente. A representação da fala nos balões é essencial para consolidar as características do personagem. Veja estes exemplos:

Uma das primeiras historinhas de Chico Bento

Essa tira foi retirada de uma coletânea da *Turma da Mônica*, publicada em 1977, que reúne quase duas décadas de histórias de Maurício de Sousa. Entre elas, as primeiras historinhas de Chico Bento. É interessante observar a forma como, à época, foi feita a representação da fala do personagem. Nem parece o mesmo caipira, visto no exemplo da proposta 1. Parece até outro personagem, embora visualmente seja o mesmo. A caracterização está mais próxima da variante culta. Seria bom que o próprio estudante percebesse isso e justificasse quais as marcas linguísticas que fundamentam sua conclusão.

O que fez com que, em momentos históricos diferentes, houvesse duas variantes? Essa é a proposta da discussão. A resposta não é fácil, e certamente não há apenas uma solução. Valerá a fundamentação de cada aluno. Também pode-se questionar qual fala foi mais fiel às características do personagem. Por quê? Uma dinâmica a ser feita, a partir dos quadros, é propor outras caracterizações. Como falaria um médico, um jornalista, um aluno, um professor, um adolescente? Dessa atividade, pode surgir uma ou mais produções de textos narrativos.

Pode-se ampliar o tema da aula para outras formas de linguagem: literatura, cinema, teatro. A dinâmica – ou as dinâmicas, por que não? – tentará mostrar como é importante o uso adequado da língua no processo de caracterização de um personagem, seja ele literário ou não.

Proposta 7

Tema: depreensão do sentido por meio do contexto

Objetivo: mostrar ao aluno que, muitas vezes, só podemos entender o sentido de uma palavra ou expressão por meio do contexto situacional.

É por meio do léxico, como já vimos na proposta anterior, que se dá muito da caracterização dos personagens. A sugestão, aqui, não é tanto abordar a caracterização, mas os vocábulos em si. No inglês, é comum analisarmos a ideia geral do texto ou de uma frase para entendermos uma palavra à qual nos fuja o sentido. Em português ocorre o mesmo, ou pelo menos deveria ocorrer.

No quadrinho dos Smurfs, aparece constantemente o verbo "smurfar"

No quadrinho anterior, temos um exemplo precioso. Na aldeia dos Smurfs, o verbo "smurfar" é de uso corrente, significando algo só depreendido com a ajuda do contexto. É próximo do nosso "coisar", tão usado aqui no Brasil. No exemplo, o personagem diz estar aprendendo a "smurfar" violão, apontando para o instrumento. Dados do contexto levam a supor que o verbo significaria "tocar". É um bom exercício para compor o sentido a partir dos elementos da situação visual e, no caso, elaborar sinônimos. Quais palavras seriam possíveis para substituir o "smurfar" do caso anterior? O mesmo processo poderia ser aplicado a um texto qualquer, que possua vocabulário desconhecido pelo aluno.

Um bom exercício sobre fala e contexto: o que o verbo "smurfar" significa nesta situação?

Nesse outro exemplo dos personagens belgas, o smurf de óculos pergunta se o Papai Smurf quer que ele vá "smurfar" nozes. Esse caso é bom para mostrar que, às vezes, nem mesmo o contexto é suficiente para dar uma resposta definitiva em termos semânticos. Smurfar, aqui, pode ser tanto cozinhar, como quebrar ou procurar. Todas teriam sentido dentro dos poucos elementos situacionais que temos à disposição no quadrinho. Nem mesmo o quadrinho seguinte da história resolve a dúvida, por isso não o colocamos aqui. Seria pertinente que o estudante elaborasse uma resposta e a fundamentasse. Também nessa situação não temos uma solução definitiva.

A dinâmica pode ser ampliada para outros textos ou até mesmo para usos de gíria (quanto mais desconhecida, melhor para a dinâmica).

Proposta 8

Tema: produção de sentido/coerência

Objetivo: levar o aluno a perceber algumas estratégias de produção de sentido por meio do conceito de coerência.

Nem sempre o que dizemos ou escrevemos é entendido como queremos. Em alguns casos, não é intencional. Ou nos expressamos mal ou o ouvinte/leitor não nos ajudou no processo de intelecção. Falhas à parte, o importante é que a mensagem ficou comprometida. Há casos, no entanto, em que se sugere uma ideia, mas é outro o sentido pretendido. É o que ocorre com textos humorísticos, entre os quais fazem parte as piadas e as tiras cômicas, interessantíssimas de serem trabalhadas em sala de aula.

Não é difícil conseguir material desse tipo. Os cadernos de cultura dos principais jornais do país dedicam um espaço, por menor que seja, às tiras de humor. Os próprios alunos poderiam selecionar o texto em quadrinhos a ser trabalhado por eles em sala. Selecionamos um caso, da personagem Mônica:

Nesta tira da Mônica, o efeito humorístico é obtido pela imprevisibilidade do final da narrativa

Vamos analisar a história em duas partes, ou em dois quadros. Na primeira parte, a professora pergunta se a aluna, Mônica, encontrou a raiz quadrada. A estudante responde afirmativamente. Espera-se um desfecho que relacione a tal raiz quadrada a algum tópico matemático. Seria uma resolução coerente para a narrativa. O efeito de humor, no entanto, reside num final imprevisível, incoerente. O leitor se surpreende (bem como a professora, o que é evidenciado pela exclamação e pelas interrogações) ao ver que Mônica encontrou uma raiz de árvore em formato quadrado. O autor da tira induz o leitor a uma leitura e o "trai" ao final, propondo uma resolução surpreendente. O inesperado é a estratégia para gerar o efeito de humor.

O tema pode ser abordado de várias formas. Num primeiro momento, a tira poderia ser apresentada em partes: de início, o quadrinho de abertura. Discute-se um final coerente com os dados que se têm à mão. Mostra-se o desfecho proposto pelo autor. Houve risos? O que provocou as risadas? É importante que o aluno consiga escrever as estratégias usadas para obter o efeito de humor. É tarefa aparentemente simples, mas difícil de ser realizada. Tente, por exemplo, explicar por que uma piada é engraçada. Não é tão fácil assim. É um bom exercício.

Outro enfoque seria questionar se o texto proposto pelo autor é coerente ou incoerente. Na superfície, parece incoerente, mas dentro do contexto é exatamente a incoerência que torna possível o sentido de humor (sendo, ao final, coerente). É uma boa discussão, que pode ser ampliada para outras tiras e piadas. Uma ideia seria fazer um campeonato de textos humorísticos, selecionados pelos próprios alunos. A apresentação poderia ser para toda a sala. Ganharia o texto que tivesse a melhor estratégia para provocar o efeito de humor.

PROPOSTA 9

Tema: coesão
Objetivo: mostrar como se dão alguns mecanismos de coesão nas histórias em quadrinhos.

Coesão, em linhas bem gerais, é a ligação ou amarração que fazemos entre as várias partes de um texto. Se aqui nos referirmos a uma das propostas anteriores, por exemplo, teremos de usar recursos linguísticos para recuperar os termos usados: "*naquela* proposta"; "*ela* propõe", entre outras possibilidades. Muitas das tiras em quadrinhos publicadas nos jornais apresentam um tema num dia e o retomam no dia seguinte, em outra história.

Notemos que o tópico das duas tiras a seguir é sobre quem os entrevistados levariam para uma ilha deserta. O mesmo tópico é retomado na tira seguinte. Seria interessante que o aluno verificasse quais as estratégias

Tiras de As Cobras, de Luiz Fernando Veríssimo, publicadas em dois dias seguidos: exemplo para discutir a coesão textual

coesivas usadas para recuperar o assunto. Uma delas é a repetição da pergunta "quem você levaria para uma ilha deserta?". Outra é por meio da imagem dos personagens, que também é repetida. Nesses exemplos, é possível uma leitura isolada das duas tiras, sem que sua intelecção seja comprometida. Nem sempre isso acontece, como mostram estes outros dois exemplos, também de As Cobras:

Desta vez, a coesão textual é mais sutil nas duas tiras de As Cobras, de Veríssimo

Uma cobra jovem é questionada por duas cobras adultas na primeira tira. A cena se repete na segunda, mas com um detalhe: em nenhum momento se diz que a cobrinha é mais nova. A palavra "jovem" é recuperada por meio de "vocês", o que não deixa de ser uma forma de coesão. O que seria interessante abordar junto aos alunos, no entanto, é que o sentido completo da segunda história só é possível se o leitor tivesse tido acesso à primeira parte. Como o leitor saberia quem são "vocês"? É um caso de coesão que poderia trazer problemas, caso fossem feitas duas leituras isoladas.

Dos quadrinhos, a discussão poderia ser transposta às produções textuais dos alunos. Eles mesmos poderiam escrever uma sequência narrativa, uma crônica, por exemplo, a ser hipoteticamente publicada num jornal num dia, e elaborar formas de como retomá-la numa outra veiculação, no dia seguinte. Os estudantes poderiam trocar os textos entre si. O colega ao lado ficaria encarregado da correção.

Proposta 10

Tema: recursos de expressão visual

Objetivo: incitar a reflexão sobre quão ricos de informação podem ser os elementos visuais utilizados no processo interativo.

Há uma infinidade de abordagens possíveis. Pode-se analisar somente as fisionomias dos personagens e verificar se estão condizentes com o contexto situacional. O que enriqueceria essa linha de trabalho seria intercalar com fisionomias reais. Se a pessoa quisesse demonstrar indiferença, como se portaria? E insegurança? E medo? Pode-se ainda depreender os possíveis elementos de época e lugar por meio dos desenhos. Ou pode-se trabalhar com os quadrinhos que não usam o recurso verbal explicitamente, apoiam-se somente nos elementos gráficos.

O exemplo a seguir, exceção feita à palavra "barcos", é uma narrativa composta apenas por imagens. O personagem central, o carequinha Pinduca, vai passear de barco, acompanhado de um senhor, aparentemente de meia idade. O senhor perde o equilíbrio perto da ponte de madeira (onde o barco atraca) e se pendura a ela com as mãos, os pés ainda presos à barca. Forma uma "ponte humana",

Pinduca, originalmente criado por Carl Thomas Anderson, em tira de John Liney

que o protagonista usa para desembarcar (apesar de a fisionomia do outro personagem indicar extrema preocupação, o que só aumenta a comicidade da tira). Seria interessante que o aluno dissesse o que entendeu da tira e, principalmente, como chegou a essa conclusão. Quais os recursos gráficos que levam o leitor a fundamentar tal interpretação. É um tema bom também para se fazer retextualizações. Se o autor optasse pelo recurso do diálogo, qual seria ele? O aluno poderia inventar um.

Apesar de ter uma quantidade ampla de abordagens, o principal é que o estudante perceba como os elementos visuais são importantes para depreensão do contexto e do sentido. O mesmo vale para os diálogos orais travados diariamente.

Considerações finais

Em palestras sobre histórias em quadrinhos, em especial nas ministradas a alunos do curso de Letras, a reação do público ao final da exposição é curiosamente a mesma: espanto. A plateia fica impressionada com as inúmeras possibilidades de abordagem que a linguagem dos quadrinhos permite. A impressão de que se trata de "leitura para criança" ou de que seja algo de menor importância é substituída por um profundo respeito e pela vontade de se aprofundar no tema. Afastada a indiferença ou o preconceito com relação aos quadrinhos, descobre-se um caminho riquíssimo a ser trilhado.

O mundo que envolve a área de ensino da Língua Portuguesa (disciplinas dos ensinos fundamental e médio, vestibulares, Enem, concursos, livros didáticos, PCN) tem nas histórias em quadrinhos um forte e pertinente apoio didático. É o que procuramos ilustrar neste capítulo. Temos ciência de que as propostas são apenas uma pequena amostra do vasto potencial que a linguagem possibilita. Cabe agora ao professor descobrir outras dinâmicas. É só se debruçar sobre o assunto e desvendar suas diversas possibilidades. Provavelmente, também ficará espantado com o próprio resultado.

OS QUADRINHOS
NO ENSINO DE GEOGRAFIA

Pela perspectiva de uma Geografia tradicional, é inevitável lembrarmos de HQs ambientadas em diversos países, mostrando paisagens e culturas diversas. Sem discutir aqui os estereótipos presentes nessas criações, é fato que muitas delas contaram com cuidadosa pesquisa para caracterização dos aspectos físicos e humanos dos locais retratados. É o caso, por exemplo, de *As Aventuras de Tintin*, nas quais seu criador, Hergé, se valia de fotografias e reportagens da *National Geographic*, entre outras revistas do gênero, para elaboração de suas histórias.

Não devemos, no entanto, pensar que a principal contribuição dos quadrinhos para o ensino de Geografia seja a mera descrição das paisagens. O potencial dessa linguagem ultrapassa esse aspecto, podendo atender às mais recentes abordagens teóricas e pedagógicas da área.

Há alguns anos, o ensino de Geografia passa por um processo de renovação, que resgatou a importância da leitura do mundo a partir da leitura da paisagem, a qual é entendida como o aspecto visível do espaço geográfico. Nesse sentido, as histórias em quadrinhos tornam-se bastante oportunas, já que trabalham com o texto e a imagem ao mesmo tempo, além de darem conta da dimensão temporal e espacial. Ampliam-se, então, as possibilidades de utilização dessa linguagem, indo além da simples exploração do texto ou da descrição dos elementos geográficos. Assim, interessa para a Geografia desde as revistas comerciais de super-heróis até os álbuns autorais que tratam de temas diretamente relacionados à matéria (como, por exemplo, *Palestina*, de Joe Sacco).

87

Dentre as inúmeras possibilidades de utilização dos quadrinhos no ensino de Geografia, apresentaremos aqui algumas ideias para a prática na sala de aula, que atendam a conteúdos e a séries diversificadas, sem se ater a uma única linha metodológica ou a uma única concepção de educação ou de Geografia. Afinal, consideramos que o processo ensino-aprendizagem deve acontecer em sua diversidade de aspectos.

É importante ressaltar ainda que um dos pontos em comum entre as atividades aqui propostas é a preocupação com a leitura das imagens, que constitui uma das principais habilidades a serem desenvolvidas pela Geografia. Assim, ao se fazer uma leitura geográfica de uma história em quadrinhos, deverão ser observados os diversos elementos que caracterizam os personagens e as ações, o posicionamento dos objetos e dos personagens, o enquadramento, o ambiente em que se passa a história (de que forma é retratado, qual a importância do lugar para o roteiro, qual a relação dos personagens com os lugares, que elementos do lugar são valorizados e quais são omitidos ou negligenciados, que perspectivas ou ângulos são utilizados para retratar o lugar etc.), dentre outros.

Além de explorar os temas específicos tratados nas histórias, é possível também trabalhar com a linguagem dos quadrinhos para ensinar alguns conceitos da Geografia, tais como representação do espaço, escala, visão vertical e oblíqua, leitura de símbolos. Assim, enfocaremos a seguir as diversas especialidades da Geografia em que as histórias em quadrinhos podem ser aplicadas, propondo em seguida algumas atividades que se apresentam ora com orientações detalhadas, ora com orientações mais abrangentes, e que podem ser utilizadas por meio de diferentes dinâmicas. As sugestões não têm apenas o objetivo de aplicação prática, mas o de estimular o surgimento de outras ideias, com o uso de outros materiais e temas, em função da criatividade e interesse de alunos e professores.

Proposta 1
Cartografia

Da mesma forma que os quadrinhos, a Cartografia também utiliza a linguagem gráfica para representar algum fato ou fenômeno de ocorrência espacial. Assim, algumas das habilidades necessárias para a leitura de mapas podem ser desenvolvidas através da leitura das histórias em quadrinhos.

Tema: Noções e conceitos cartográficos
Série: a partir da 1ª série do Ensino Fundamental I
Objetivos: desenvolver habilidades de leitura de símbolos, associando-os às informações que representam; adquirir noções para a construção do conceito de escala cartográfica; identificar e analisar o uso das diferentes perspectivas de representação do espaço.

Desenvolvimento:
A) Símbolos e convenção cartográfica

Um dos recursos utilizados nos mapas para a representação de fenômenos são os símbolos. Alguns deles remetem diretamente ao seu significado, pois têm um reconhecimento universal. Isso acontece com algumas das convenções cartográficas, por exemplo:

Algumas das convenções cartográficas mais divulgadas, cujo significado é reconhecido internacionalmente.

Nos quadrinhos, a noção de convenção e de símbolos também aparece. Pode-se, por exemplo, explorar com os alunos o significado do formato dos balões, que variam de acordo com o que se quer expressar e com a criatividade do autor.

Exemplos de formato dos balões retirados de *Território de bravos,* de Luiz Gê

B) Escala

Na cartografia, um dos conceitos mais importantes é o de escala. Na escola, geralmente, esse conceito é introduzido na 5ª série, sendo apresentado de forma bastante abstrata através da fórmula $E = d : D$ (em que d = distância no mapa e D = distância real). No entanto, previamente, devem ser trabalhadas algumas noções (representação do espaço, proporção, redução) que possibilitem sua construção.

A linguagem das histórias em quadrinhos pode possibilitar o trabalho com tais noções. Deve-se discutir com os alunos que, para a representação gráfica de fenômenos da realidade, é utilizado o recurso da redução. Seria inviável, nos quadrinhos, desenhar os objetos e as pessoas no seu tamanho real. Assim se dá com o mapa, em que os espaços representados são, geralmente, ainda mais amplos que aqueles representados nos quadrinhos. Sobre esse assunto pode-se discutir a diferença entre o mapa e os quadrinhos. O primeiro utiliza uma escala única para todo o território representado, enquanto numa história em quadrinhos há uma diversidade de escalas, em função do que se quer mostrar ou enfatizar em cada cena. Mesmo no interior de um único quadrinho (vinheta) não há uma escala única de representação, devido à perspectiva utilizada.

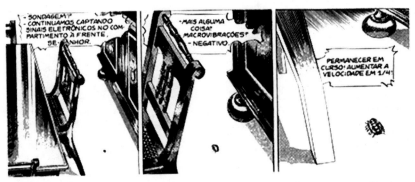

Exemplo de aproximação, da menor para a maior escala, numa sequência de *Território de bravos,* de Luiz Gê

Utilizando a sequência acima como exemplo, sugerimos o encaminhamento das seguintes atividades:
• Qual dos quadrinhos apresenta maior redução e qual apresenta menor redução?
• Em qual deles há maior número de elementos representados? Por que isso foi possível?
• Em qual deles há maior número de detalhes?
• Ordene os quadrinhos de acordo com a escala (da maior para a menor), lembrando que quanto maior a escala, menor é o detalhamento.

C) Perspectiva: visão vertical, horizontal e oblíqua
Ao ler ou confeccionar um mapa – principalmente aqueles com escala grande, como é o caso das plantas – deve-se ter claro que a

perspectiva (ou a visão) utilizada é a vertical. Nos quadrinhos ou nas fotografias, por exemplo, a escolha da perspectiva depende do objetivo do desenhista ou do fotógrafo:

Exemplo de visão oblíqua, de cima e de lado, retirada de *Marvels livro 2: Monstros*

Exemplo de visão vertical, de cima para baixo, em *Homem-Aranha*

A escolha da perspectiva, portanto, possui uma intencionalidade e contribui para "compor a cena". Tais noções devem ser trabalhadas pela Geografia pois possibilitam uma leitura atenta e crítica do mundo (mesmo que através de sua representação).

PROPOSTA 2
PAISAGEM E ESPAÇO GEOGRÁFICO NO UNIVERSO DOS QUADRINHOS

Sugerimos a seguir uma abordagem didática para as séries iniciais do Ensino Fundamental, em Geografia, sob uma perspectiva da leitura da paisagem.

Tema: Paisagem e espaço geográfico
Série: a partir da 5ª série do Ensino Fundamental
Objetivos: trabalhar com dois dos principais conceitos da Geografia: a paisagem e o espaço geográfico; desenvolver a observação e identificação dos elementos da paisagem; estabelecer correlações entre os elementos identificados; reconhecer os processos de produção do espaço geográfico. As habilidades, efetivamente apreendidas, devem ultrapassar os limites da sala de aula, influenciando na própria maneira de ver o mundo. Espera-se que o aluno comece a desenvolver uma observação mais sistematizada e reflexiva em relação às paisagens com as quais se defronta.

Desenvolvimento:

Na elaboração das atividades propostas a seguir, sugere-se a utilização de histórias em quadrinhos ligadas à ficção científica ou de super-heróis como ponto de partida para a leitura da paisagem. Tal escolha não é aleatória, mas vem ao encontro das especificidades da série. Dentro do perfil dos pré-adolescentes, surgem interesses por *games*, desenhos animados, séries de TV, filmes repletos de super-heróis, vilões, seres bizarros, robôs, espaçonaves etc. Aqui sugerimos, a título de exemplo, um quadrinho retirado de *O Incrível Hulk: futuro imperfeito* (Abril Jovem, 1996):

Quadrinho de *O Incrível Hulk*: riqueza de detalhes para exercitar a imaginação dos alunos

A) "Tempestade Cerebral" *(brainstorm)* e descrição

Do gibi escolhido pelo professor, seleciona-se uma página que possua o maior número de situações possíveis. O primeiro passo é projetar a página para a classe sem as falas (ou seja, deve-se ter o cuidado de apagar os balões). Numa folha em branco, os alunos anotam todas as ideias, imagens, sons, palavras, sensações suscitadas pela observação. A utilização dessa técnica, denominada "tempestade cerebral" *(brainstorm)*, como primeira atividade deverá contribuir para a livre expressão dos alunos, desvinculada de qualquer sistematização. Quando não se colocam regras ou critérios para a criação, esta flui com maior facilidade.

Em grupo de quatro componentes (para possibilitar a troca de ideias), solicita-se aos alunos que produzam frases, observando e descrevendo a paisagem da figura. O roteiro seguinte é apenas um exemplo:

- Como são as construções?
- Que objetos aparecem (conhecidos e desconhecidos)?
- Como são as pessoas, seu aspecto físico, suas roupas, o que estão fazendo etc?
- Que situações e atividades estão ocorrendo?
- O que mais lhe chamou a atenção?
- O que lhe causou estranhamento?

B) Levantamento de questões:

Feitos os primeiros contatos com a imagem, os alunos devem ser orientados a levantar questões sobre aspectos que os intrigaram. O professor anota na lousa todos os questionamentos feitos, podendo acrescentar alguns, em consenso com a sala. Com essa atividade os alunos darão início a uma reflexão sobre o que pode estar por trás do que é visível, perceptível num primeiro momento. Dessa forma possibilitam-se exemplos para a construção dos conceitos de paisagem e espaço.

C) Elaboração de hipóteses e preenchimento dos balões

O professor distribui as perguntas levantadas na aula anterior para que, em duplas, os alunos tentem respondê-las, elaborando hipóteses. Com essa atividade os alunos desenvolverão habilidades de correlação e dedução sobre os elementos da paisagem. Posteriormente, distribui-se para cada dupla uma cópia da página, para preencherem os balões com diálogos, levando em conta as hipóteses já levantadas. Essa atividade possibilita ao aluno perceber (nível de noção) que as relações sociais têm estreita ligação com os processos materializados naquela paisagem.

D) Construção dos conceitos de paisagem e espaço geográfico

As atividades desenvolvidas anteriormente devem ser retomadas para a construção do conceito de paisagem e espaço geográfico. A aula deve ser orientada para promover a participação de todos os alunos, para que expressem oralmente, em primeiro lugar, o que perceberam na ilustração. Em seguida, os alunos devem dar as respostas para a descrição feita. Como poderão surgir diferentes hipóteses, o professor deverá anotá-las, abrindo um leque para cada aspecto descrito. Os alunos perceberão que determinados aspectos são aparentes e que não precisam de muitas habilidades para descrevê-los, como o número de pessoas, suas roupas, o aspecto dos prédios etc. Além disso, cada aluno descreveu de uma forma e notou elementos diferentes. Enfim, o professor possibilitará o entendimento de que houve um trabalho com a paisagem geográfica.

É essencial discutir com os alunos que, na elaboração das hipóteses, houve uma preocupação em explicar o funcionamento dos elementos da paisagem e sua distribuição, os fatores determinantes, isto é, os processos de produção do espaço geográfico, que não estão claramente visíveis. E, dependendo de quem olha, podem ocorrer explicações diversas. Dessa forma, demonstra-se que os alunos foram da aparência à essência: o desvendar da paisagem trouxe vida e movimento ao que antes parecia estático, sem explicações, sem história.

E) Correlação entre as hipóteses levantadas e o roteiro

Nesse momento propõe-se a leitura da revista como um todo. Dessa forma, os alunos poderão comparar o roteiro original com as hipóteses levantadas por eles. Em alguns casos os alunos poderão perceber que alguns elementos da paisagem permitem um desvendamento do espaço geográfico. Em outros casos, porém, é necessário conhecer o contexto maior em que aquela paisagem está inserida, já que muitas vezes só o que pode ser visualizado não basta para a compreensão da totalidade.

A atividade proposta pretende ser um "exercício" das habilidades de observação, descrição e levantamento de hipóteses sobre as paisagens. Dando prosseguimento, pode-se partir para o bairro ou cidade em que o aluno vive, permitindo a aplicação dos conceitos e da metodologia; fazendo comparações entre as paisagens; representando os elementos através da cartografia e, finalmente, "desvendando" a construção do espaço geográfico, através do entendimento da sociedade e sua história.

Proposta 3
O Brasil nos quadrinhos estrangeiros

Tema: representação do espaço geográfico brasileiro.

Série: a partir da 5ª série do Ensino Fundamental.

Objetivos: analisar a representação do(s) espaço(s) geográfico(s) brasileiro(s); identificar possíveis estereótipos ou informações equivocadas sobre o espaço geográfico brasileiro; analisar a relação dos personagens com os lugares retratados; relacionar as histórias ao contexto (tempo e lugar) em que seus autores se inserem; verificar em que medida as histórias apresentam uma preocupação com a retratação dos lugares; verificar e discutir a regionalização do espaço geográfico brasileiro;

Desenvolvimento:

Nosso país foi várias vezes retratado em histórias produzidas no exterior. Dentre os quadrinhos, citamos alguns que podem ser utilizados no ensino de Geografia: *Zé Carioca* (principalmente os primeiros números); *Caatinga* (Hermann), que traz pesquisa sobre a época de Lampião; *Jangada* (Manfred Sommer), que aborda o afromisticismo na Bahia; *Mister No; As aventuras da equipe Cousteau; Batman no Brasil; Wolverine: Rio de Sangue*. Na utilização de quaisquer desses materiais, sugerem-se os procedimentos seguintes:

A) Contato com o material: as revistas devem ser escolhidas pelos alunos de acordo com o interesse. Deve ser feita uma primeira leitura para que os alunos entrem em contato com a história.

B) Resenha da história: Ao produzir a resenha da história, o aluno revê algumas passagens que não foram compreendidas.

C) Análise da paisagem/ espaço geográfico: descrição dos elementos físicos (vegetação, clima, relevo etc.) e humanos (construções, objetos, caracterização dos personagens etc.);

D) Verificação e análise da representação dos elementos da paisagem (onde e de que forma são dispostos);

E) Correspondência dos elementos da paisagem representada com a paisagem real (verificação de informações equivocadas ou da presença de estereótipos e clichês);

F) Contextualização da história/discussão: verificar a produção da história em relação a: quem é(são) o(s) autor(es)?; qual sua possível relação com o Brasil?; a história passa qual imagem em relação ao Brasil?; a visão do Brasil corresponde à visão da sociedade em que foi produzida?

G) Heróis no Brasil

Apresentamos abaixo trechos de duas histórias ambientadas no Brasil, que podem ser utilizadas na íntegra ou apenas em partes. Uma delas é *Wolverine: Rio de Sangue*, e a outra é *Batman no Brasil*. O Rio de Janeiro é retratado em ambas as histórias, nas quais os personagens principais agem contra criminosos. Nelas, vários elementos da paisagem podem ser destacados para serem objeto de análise, tais como:

Representação de favela carioca em *Batman no Brasil* e *Wolverine: Rio de Sangue*

97

- As favelas cariocas

As imagens apresentadas têm correspondência com as favelas cariocas? Quais elementos nos levam a concluir que elas não correspondem às favelas do Rio de Janeiro?

Carnaval brasileiro, segundo *Wolverine: Rio de Sangue*

- O Carnaval

Peça aos alunos para descreverem a cena acima. Que situação está sendo retratada? O que as imagens podem revelar sobre a relação dos personagens com o lugar onde a história está sendo ambientada?

Proposta 4
A Família Pato e os ideais capitalistas

Tema: Capitalismo
Séries: 1ª a 3ª série do Ensino Médio.
Objetivo: Compreender que características tidas como pessoais ou naturais são produto do processo de produção capitalista; identificar os elementos produzidos pelo sistema capitalista, referentes à divisão do trabalho, relações sociais e processo de produção; analisar criticamente as relações entre os personagens, refletindo sobre o papel de cada um deles; transferir e/ou aplicar as análises para a sociedade capitalista em que o aluno está inserido.

Desenvolvimento:

Muitas das histórias da Disney podem ser utilizadas para se fazer uma leitura crítica sobre os valores do mundo capitalista. Já são clássicos alguns trabalhos de análise da ideologia embutida nas histórias da Disney, especialmente aquelas produzidas nas décadas de 60 e 70. Uma das críticas mais ácidas e contundentes a essas histórias constitui-se no livro *Para ler o Pato Donald,* de Ariel Dorfman e Armand Mattelart, escrito nos anos 1970 e várias vezes reeditado. Deve-se ressaltar, no entanto, que há visões opostas a essas. Fãs de Carl Barks – um dos principais criadores das histórias da Disney –, por exemplo, veem em suas histórias, críticas ao sistema capitalista.

A) Apresentação dos personagens

Deve-se fazer um levantamento prévio sobre o conhecimento dos alunos sobre os personagens Disney e, especialmente, os de Patópolis. Para tanto, lançaremos mão aqui da descrição esquemática proposta por José de Souza Martins em "Tio Patinhas no Centro do Universo", publicado no livro *Sobre o modo capitalista de pensar* (Hucitec, 1980):

Donald
Consegue perceber sua exploração e a humilhação impostas por seu tio, mas se conforma para não ser deserdado. O drama do trabalhador é obscurecido pela comicidade do herdeiro.

Margarida
Namorada de Donald, consumista e fútil, herdeira virtual de uma parcela da fortuna de Patinhas (através de Donald ou de Gastão).

Gastão
Primo de Donald; de vida fácil e dotado de sorte, através da posse de um pé de coelho.

Peninha
É cheio de imaginação e de iniciativa, mas que são frustradas por componentes externos, que fogem ao seu controle. Está mergulhado na racionalidade funcional de um universo instituído que dispensa os patos (os homens), absorvendo-os apenas no cumprimento dos papéis rigidamente demarcados.

Tio Patinhas

Sobrinhos
(Huguinho, Zezinho e Luizinho)
São de uma geração de tecnocratas, sempre a consultarem o Manual dos Escoteiros. Estão articulados entre si como peças de um mecanismo rigoroso.

Professor Pardal
Cientista que só deixa de ser considerado louco quando está a serviço do capital.

B) Leitura das histórias

Sugerimos que os alunos escolham as histórias, previamente selecionadas, para realizarem a leitura e a posterior análise.

C) Análise dos personagens:

• A caracterização dos personagens de Patópolis, feita por Martins, é confirmada na história lida?

• Cite passagens da história que vão ao encontro da análise de Martins.

• Cite passagens da história que contrariam as afirmações de Martins sobre os personagens.

• As histórias foram produzidas em que contexto social (tempo e espaço)?

• Você concorda com a visão de Martins? Por quê?

PROPOSTA 5
GEOPOLÍTICA NA REPORTAGEM QUADRINIZADA DE JOE SACCO

Tema: A Questão Palestina

Série: a partir da 8ª série do Ensino Fundamental.

Objetivos: compreender o recente processo de ocupação da região da Palestina; analisar criticamente os conflitos árabe-israelenses, levando em conta as diferentes visões que os explicam; refletir sobre a isenção de neutralidade dos noticiários.

O repórter e quadrinhista Joe Sacco esteve na Palestina entre 1991 e 1992, onde ouviu relatos e presenciou situações que foram narrados em nove gibis. Desses, foram publicados dois álbuns: *Palestina: Uma Nação Ocupada* (2000) e *Palestina: Na Faixa de Gaza* (2003). O trabalho de Sacco, que pode ser classificado como "reportagenm quadrinizada", ajuda a compreender a questão palestina por um ponto de vista pouco explorado pela imprensa, o dos próprios palestinos, dando voz e visibilidade aos "árabes invisíveis".

Desenvolvimento:

A) Leitura das revistas: após os alunos tomarem contato com o tema, por meio de uma breve exposição do professor, sugerimos iniciar a leitura de uma das revistas, na íntegra.

B) Roteiro de análise: feita uma primeira leitura, sugerimos os roteiros de análise a seguir:

Roteiro 1:
Geral (pode ser utilizado para as duas revistas)
- Referências sobre a publicação (autor, título, ano de publicação etc.)
- Joe Sacco poderia ter utilizado fotografias, por exemplo, para contar sua história. O que seus desenhos trazem de relevante em relação a outras linguagens ou recursos?
- Descrição dos palestinos, com base na caracterização feita por Sacco: hábitos, comportamentos, semblantes, aspectos psicológicos etc.
- Listagem de cada um dos lugares visitados por Sacco e descrição da paisagem retratada.
- Discutir se Joe Sacco apresenta uma versão imparcial sobre a Questão Palestina. Identificar diferenças entre o tratamento dado por Sacco e o dado pela imprensa à Questão Palestina.
- Identificar e discutir as situações retratadas, nos dois álbuns, que ainda persistem na Palestina.

Roteiros complementares
Palestina: Uma Nação Ocupada
- Aponte os principais assuntos tratados em cada um dos capítulos
- Que fato lhe chamou mais a atenção em cada um dos capítulos?
- Escolha uma das páginas, ou uma das vinhetas, do álbum *Palestina: Uma nação ocupada*, que melhor expresse o cotidiano do povo palestino. Por que você fez essa escolha?
- Indique passagens que revelem características do cotidiano dos palestinos.

Palestina: Na Faixa de Gaza
- Segundo Edward W. Said, no prefácio de *Palestina: Na Faixa de Gaza*, que méritos possui o trabalho de Joe Sacco?
- No capítulo 4, Joe Sacco relata a conversa com duas israelenses. Sobre ela, responda:

101

• No que difere a caracterização dos israelenses em relação à dos palestinos? O que isso revela sobre os dois povos?

• Quais as opiniões das israelenses sobre os conflitos com os palestinos?

Proposta 6
O rural e o urbano

As discussões sobre a dicotomia e/ou a aproximação entre os conceitos de rural e urbano ocupam um lugar bastante significativo em trabalhos acadêmicos. No senso comum, ou até em alguns livros didáticos de Geografia, tais conceitos são tratados de maneira equivocada. O urbano aparece associado sempre à cidade, em oposição ao rural, sempre associado ao campo. Deve-se discutir, no entanto que muitos aspectos do rural estão presentes na cidade, assim como muitos aspectos do urbano estão presentes no campo.

Pode-se, por exemplo, utilizar as histórias de Chico Bento para encaminhar tal discussão. Algumas questões podem ser levantadas:

• O número de componentes da família de Chico Bento corresponde a média das famílias brasileiras que vivem no meio rural? Por quê?

• Que elementos presentes nas histórias revelam tratar-se de um ambiente rural?

• Que elementos podem ser identificados como urbanos?

• As histórias têm o objetivo de apresentar uma visão crítica da questão agrária no Brasil?

A) Estudando Geografia com a Turma do Xaxado
Tema: Nordeste (e outros)
Série: A partir da 5ª série
A Turma do Xaxado, criada pelo cartunista Antônio Cedraz, começou a ser publicada em tiras a partir de 1998, no jornal *A Tarde*, de Salvador. As histórias, ambientadas no sertão nordestino, são bastante perspicazes, possibilitando trabalhar temas relacionados à região Nordeste, tais como a indústria da seca, de forma crítica. Destacamos a seguir algumas dessas tiras que podem atender a diferentes

objetivos do trabalho na sala de aula: sensibilização para o tema a ser introduzido, verificação do conhecimento prévio do aluno, avaliação do conteúdo já trabalhado, atividade de análise do tema que está sendo trabalhado.

Os mesmos cuidados no procedimento adotado para a utilização das histórias publicadas em álbuns ou revistas devem ser considerados para as tiras: a análise não deve limitar-se ao conteúdo do diálogo. Outros aspectos devem ser observados, tais como a caracterização, expressão e posicionamento dos personagens, os elementos naturais da paisagem, as construções etc. Sugerimos também que, antes da utilização das tiras, sejam apresentados os personagens (nomes e características), assim como algumas informações sobre o autor, local de publicação etc.

A "cidade" e a "roça", em duas tirinhas da Turma do Xaxado, de Antonio Cedraz

Peça aos alunos para descreverem as cenas de cada um dos quadrinhos da primeira tira. O que têm em comum? O que explica as situações retratadas em cada um dos quadrinhos da primeira tira? Qual a explicação de Zé Pequeno para as inundações na cidade? No geral, quais os verdadeiros motivos que provocam as inundações nas cidades? Xaxado diz que a terra tem sede. Do ponto de vista da pedologia, como você explica essa analogia?

As tiras que seguem retratam, de uma forma bastante crítica, aspectos da chamada "indústria da seca" do Nordeste. Com uma linguagem direta, simples e atrativa, denunciam a utilização do dinheiro público para beneficiar alguns privilegiados e "justificar" o dispêndio de verbas.

A "indústria da seca", segundo a Turma do Xaxado

Outras sugestões

Por fim, citamos a seguir algumas ideias de projetos que podem ser desenvolvidos interdisciplinarmente e a partir de histórias em quadrinhos:
- A África, a partir de uma leitura crítica de Tarzan e Fantasma
- As metrópoles nos quadrinhos: *Gothan City* e *Metrópolis*
- O espaço urbano e o conceito de "lugar" em Will Eisner
- A Amazônia em "Mapinguari e outras histórias" (Flávio Collin)
- Discutindo a Guerra Fria com Mafalda

OS QUADRINHOS NA AULA DE HISTÓRIA

A julgarmos pela maioria dos livros didáticos disponíveis no mercado, concluímos que a utilização das histórias em quadrinhos no ensino de História ainda é rara e tímida, embora esses mesmos livros indiquem que a utilização de *charges*, seja para ilustrar os conteúdos dos capítulos, seja para serem aproveitadas em atividades pedagógicas, já é bastante difundida no ensino da disciplina.

Entre as poucas tentativas existentes no mercado brasileiro de utilizar a linguagem das histórias em quadrinhos no ensino ou divulgação da História merece destaque a série *Redescobrindo o Brasil*, lançada pela editora Brasiliense, que contou com dois volumes: *Da Colônia ao Império: Um Brasil pra inglês ver e latifundiário nenhum botar defeito*, ilustrado pelo cartunista Miguel Paiva, e *Cai o Império: República vou ver!*, ilustrado pelo cartunista Angeli, ambos escritos por Lilia Moritz Schwarcz, historiadora e professora do Departamento de Antropologia da USP.

Essas duas obras conseguiram mesclar com bastante eficiência didatismo e bom humor. No entanto, como foram produzidas no início dos anos 1980, ainda reproduziam algumas interpretações vigentes no meio acadêmico naquela época – como a tese em que se superestimava o papel da Inglaterra na Guerra do Paraguai –, já superadas pela historiografia mais recente. Isso não tira o mérito das duas obras que tiveram o pioneirismo de mostrar ser possível utilizar as histórias em quadrinhos para a difusão do conhecimento histórico produzido pela academia, e, talvez ainda mais importante, para a difusão de uma História mais crítica, mais reflexiva; não uma "História dos heróis", idealizada e superficial.

Trecho de *Cai o Império! República vou ver!*, de Lilia Moritz Schwarcz e Angeli (Brasiliense, 1984).

Inicialmente, é importante lembrarmos que o uso dos quadrinhos em sala de aula requer planejamento e cuidados. Como bem destaca o professor Waldomiro Vergueiro neste livro, não podemos encarar tal utilização como uma "receita milagrosa e infalível" para tornar as aulas mais dinâmicas e atraentes para os alunos. Devemos entendê-la apenas como mais um recurso pedagógico que, se bem empregado, pode trazer bons resultados. O potencial pedagógico das histórias em quadrinhos é enorme. Mas, assim como o cinema e a literatura ficcional, os quadrinhos são muitas vezes vistos pelo professor de História apenas como suporte de um conteúdo. Eles podem ser mais do que isso.

Os quadrinhos, por exemplo, podem ser utilizados pelos professores para trabalhar o conceito de tempo e suas dimensões: sucessão, duração e simultaneidade. Os "recordatórios" presentes na maioria das histórias em quadrinhos podem ser utilizados para ilustrar esses conceitos: um recordatório onde se lê "Mais tarde..." ou "Logo depois..." pode ser um exemplo de sucessão e, de outro lado, aquele em que se lê "Enquanto isso..." pode facilitar ao aluno a percepção da ideia de simultaneidade. Os elementos visuais utilizados para indicar a passagem do tempo em uma história em quadrinhos (um desenho da Lua para indicar o anoitecer; um relógio na parede de um escritório; uma personagem marcando o cartão de ponto no final do expediente) podem ser usados para uma reflexão sobre os diferentes tempos: o tempo da natureza, o tempo do relógio, o tempo da fábrica.

Na sequência de uma aventura do Spirit, de Will Eisner, um exemplo de simultaneidade: dois eventos acontecendo ao mesmo tempo, em lugares diferentes

Também merece atenção o *flashback*, recurso muito utilizado no cinema e também nas histórias em quadrinhos, para indicar os recuos no tempo. Exemplo: uma personagem adulta é retratada quando criança no quadrinho seguinte para mostrar um aspecto da sua infância. Esse tipo de sequência pode servir para que os alunos reflitam sobre o conceito de memória. Além disso, uma história em quadrinhos pode mostrar um mesmo fato narrado do ponto de vista de diferentes personagens, o que pode contribuir para que os alunos compreendam mais facilmente a existência de diferentes versões da História, assim como a subjetividade presente nelas.

Exemplo de *flashback* empregado em *Watchmen*, de Alan Moore (roteirista) e Dave Gibbons (desenhista), publicada pela Abril Jovem.
A sequência mostra um dos protagonistas recordando a infância: ele aparece adulto nos dois primeiros quadros, e quando criança, no terceiro.

Em outra sequência de *Watchmen*, os autores recorrem ao recurso de mostrar um mesmo fato contado por diferentes personagens. Repare que o Doutor Manhatan e Laurie Juspeczyk, a garota que olhava interessada para ele, lembram, cada qual a seu jeito, da primeira vez em que se viram.

Cuidados especiais na utilização dos quadrinhos em aulas de História

No caso específico da disciplina de História, os quadrinhos podem ser utilizados de diferentes maneiras ou sob diferentes enfoques:

A. Para ilustrar ou fornecer uma ideia de aspectos da vida social de comunidades do passado.

Nesse caso seriam utilizados os quadrinhos considerados "históricos", isto é, ambientados em épocas muito anteriores àquela em que foram criados. Dois bons exemplos são os álbuns *A Guerra dos Farrapos* (L&PM Editores), escrito por Tabajara Ruas e desenhado por Flávio Colin, e *Adeus, chamigo brasileiro* (Companhia das Letras) escrito e desenhado pelo antropólogo e historiador André Toral, obra ambientada na Guerra do Paraguai. Convém lembrar, no entanto, que toda obra de ficção histórica fornece mais informações a respeito da época em que foi criada do que sobre a época em que é ambientada. Por exemplo, os hunos apareceram como vilões nas histórias do Príncipe Valente justamente durante a Segunda Guerra Mundial, quando uma das gírias utilizadas em relação ao nazistas era *huns* ("hunos" em inglês). Buscava-se comparar, então, a política expansionista de Hitler com as invasões bárbaras lideradas por Átila, o Huno.

Trecho de *Adeus, chamigo Brasileiro: Uma história da Guerra do Paraguai*, de André Toral.

B. Para serem lidos e estudados como registros da época em que foram produzidos.

Exemplo: os quadrinhos de autores *underground* da década de 1960, como os do norte-americano Gilbert Shelton, criador dos *Freak Brothers* (coletâneas das aventuras desse trio de hippies foram publicadas no Brasil pela L&PM Editores e pela Conrad Editora), fazem alusão aos movimentos de contestação e contracultura da época. Outro bom exemplo são as tiras da série *Chiclete com banana*, do cartunista brasileiro Angeli, que podem ser vistas como um registro da realidade e da vida noturna dos grandes centros urbanos brasileiros – São Paulo, especialmente – nos anos 1980.

C. Para serem utilizados como ponto de partida de discussões de conceitos importantes para a História.

Exemplo: as aventuras de Conan, o Bárbaro, apesar de ambientadas em países fictícios e numa época imaginária (a "Era Hiboriana") têm como fonte de inspiração culturas e civilizações que existiram na Antiguidade, podendo se constituir num excelente ponto de partida para debater e questionar os conceitos de "bárbaro" e de "civilizado". Outros aspectos que podem ser trabalhados tomando como base as histórias de Conan são os conceitos de "Estado", "império", "expansionismo", e a ausência de distinção entre política e religião em certas civilizações do mundo antigo.

Trecho de Conan, o Bárbaro, criação original de Robert E. Howard adaptado para quadrinhos por Roy Thomas

Convém chamar a atenção para o uso frequente e equivocado do termo "raça" como sinônimo de "povo" ou "etnia". Esse uso equivocado se deve, em parte, ao fato de as histórias de Conan terem surgido na década de 1930. Foram publicadas originalmente na forma de contos, escritos pelo norte-americano Robert E. Howard (1906-1936) e adaptadas para quadrinhos (em que o herói, ou melhor, o anti-herói se popularizou de fato) pela primeira vez em 1970, pelo roteirista norte-americano Roy Thomas, um ex-professor de Literatura numa *high school*.

OUTRAS POSSIBILIDADES A SEREM CONSIDERADAS

Uma mesma história em quadrinhos pode ser trabalhada em sala de aula sob diferentes leituras. Tomemos como exemplo as histórias de *Asterix*:

A. Podem ser utilizadas para ilustrar a época em que são ambientadas, porque encontramos elementos que remetem à Roma Antiga, nos tempos de Júlio César: a arquitetura das cidades romanas e gregas; os uniformes dos militares romanos; as armas utilizadas pelos gladiadores etc.

B. Também podem ser lidas como um registro da época em que foram criadas, porque, para efeito de humor, são atribuídos aos povos e lugares do passado as características que eles têm nos dias de hoje. No álbum *Asterix entre os bretões*, encontramos várias piadas que aludem a símbolos e

Em Asterix, a "carroça de dois andares", referência aos famosos ônibus duplos londrinos

características dos ingleses e da Inglaterra atuais: a carroça de dois andares (alusão aos ônibus de dois andares muito comuns nas ruas de Londres); o quarteto de bardos bretões que arranca gritos e suspiros das jovens bretãs (que são, nada mais, nada menos, os Beatles caricaturados); o fato de os bretões "falarem ao contrário", colocando os adjetivos sempre antes dos substantivos (as "romanas patrulhas"); e de interromperem os combates com os romanos para tomarem a "quente água", uma brincadeira com o hábito inglês da *hora do chá*.

C. Podem servir como rico ponto de partida para discutir temas, conceitos e aspectos importantes, sempre atuais: o eixo dominação-resistência, o direito de autonomia dos povos, o conceito de etnocentrismo, o julgamento de outras culturas pelos valores e ótica da cultura do observador, os ideais de convivência pacífica entre os povos, o respeito à diversidade cultural, o respeito à diferença. No entanto, vale destacar que embora as histórias de Asterix sejam lembradas como uma crítica ao imperialismo (que não deixam de ser), elas também apresentam uma certa dose de chauvinismo.

Exemplo disso é o fato de que o único povo retratado de forma sinistra por Uderzo e Goscinny são os godos, o que atesta o grande ressentimento francês em relação aos alemães, decorrente das duas guerras mundiais e, mais especialmente, da ocupação nazista da França durante a Segunda Guerra. Por outro lado, apesar de Roma ser sempre apresentada como uma potência imperialista (alguns estudiosos veem nisso uma crítica dos autores ao aumento da influência e hegemonia dos Estados Unidos no pós-guerra), os romanos mostrados nas histórias, mesmo quando vilões, são em sua maioria simpáticos e falastrões; reproduzindo o estereótipo tradicionalmente atribuído aos italianos.

PROCEDIMENTOS DE LEITURA

Apesar da sua especificidade, o trabalho com quadrinhos em aulas de História requer alguns dos procedimentos utilizados na leitura de outro material. Vejamos algumas questões que convém serem levantadas na prática da leitura de uma história em quadrinhos, como documento histórico:

- Quem é(são) o(s) autor(es)?

Sempre que possível, o ideal é reunir informações a respeito dos autores. Se quisermos, por exemplo, analisar uma história em quadrinhos do Capitão América, super-herói criado durante a Segunda Guerra Mundial, antes da entrada (declarada) dos Estados Unidos no conflito, é importante levarmos em conta o fato de que seu criador, o desenhista Jack Kirby (1917-1994), pseudônimo de Jacob Kurtzberg, era um norte-americano de ascendência judaica. Assim, tinha também fortes razões pessoais para criar um herói que lutava contra o nazismo, cujo antissemitismo era notório.

Outro fator a ser considerado é que uma grande quantidade de quadrinhos foi produzida por artistas anônimos. Nos gibis do Pato Donald, por exemplo, a única assinatura encontrada nas histórias, durante décadas, era a de Walt Disney; mesmo depois de seu falecimento. No entanto, foram criadas e produzidas por inúmeros artistas, dentre os quais o falecido Carl Barks, roteirista e desenhista norte-americano, responsável pela criação de personagens como Tio Patinhas; Professor Pardal; Maga Patalógica e os Irmãos Metralha. Isso pode servir de gancho para se discutir as relações de trabalho no capitalismo e, até, questões relativas ao direito autoral – a propriedade intelectual, a criação sob encomenda etc.

- Quando e onde foi produzida?

A época e o país de procedência de uma história em quadrinhos são elementos que devem ser considerados. Diferentes tradições e movimentos de quadrinhos se desenvolveram em diferentes épocas e lugares. Há diferenças visíveis entre os quadrinhos produzidos na Europa, nos Estados Unidos e no Japão; quanto ao estilo, linguagem, gênero, mercado, forma de publicação (em jornal, revista, livro etc). No entanto, em tempos de Internet e de globalização, a questão da "nacionalidade" de uma história em quadrinhos pode ser difícil de ser respondida. Uma revista em quadrinhos editada em Nova Iorque, por exemplo, pode ter sido escrita por um roteirista inglês que mora em Londres, e desenhada por um artista brasileiro, residente em São Paulo.

- Por quem fala?

Ainda que inconscientemente, toda história em quadrinhos reflete valores, visões de mundo, ideologias. O autor pode tanto expressar uma posição estritamente pessoal (o chamado "trabalho de autor") quanto, no caso de uma história em quadrinhos criada sob encomenda, reproduzir um discurso que reflita o posicionamento político da editora ou companhia para a qual trabalha. As tiras de jornal do Fantasma, herói mascarado criado pelos norte-americanos Lee Falk (roteirista) e Ray Moore (desenhista), publicadas pela primeira vez em 1936, foram tidas

Páginas de Pantera Negra, herói criado por dois norte-americanos brancos, o roteirista Stan Lee e o desenhista Jim Steranko, mas que passou pelas mãos de vários artistas afro-americanos, como o desenhista Dennis Cowan e, mais recentemente, nos anos 1990, o roteirista Chistopher Priest

por alguns críticos como defensoras da ideia racista de "superioridade do homem branco", e do colonialismo na África e na Ásia. Por outro lado, também encontramos tentativas de produzir representações mais favoráveis das minorias étnicas, especialmente das comunidades negras ou de origem africana. Dentre essas, podemos destacar o Pantera Negra, um dos primeiros super-heróis negros das revistas em quadrinhos, surgido em 1966. O nome foi possivelmente inspirado no famoso movimento negro dos "Panteras Negras", atuante nos Estados Unidos nas décadas de 1960 e 1970.

- A quem se destina?

Saber as características do público-alvo de uma história em quadrinhos pode nos dizer muito a respeito de uma sociedade, ou, pelo menos, de um segmento dessa sociedade. É muito esclarecedor, por exemplo, o fato de os gibis de super-heróis Marvel/DC serem dirigidos a um público de adolescentes e jovens predominantemente masculino. Ajuda a explicar porque as heroínas costumam ser desenhadas com as medidas de "coelhinhas" da *Playboy*, não raro com os seios fartos e as pernas compridas, bem de acordo com um ideal de beleza bastante comum nos Estados Unidos. Se tais revistas tivessem um público predominantemente feminino, elas poderiam ser bem diferentes. Por outro lado, no Japão encontramos uma variedade maior de quadrinhos que atingem os mais variados segmentos: donas de casa, assalariados, crianças, adolescentes, adultos, idosos dentre outros.

- Qual é a sua finalidade?

A maioria das histórias em quadrinhos faz parte da chamada "indústria do entretenimento". Foram publicadas com fins comerciais, portanto. Mas isso não impede que uma história em quadrinhos seja uma obra de arte ou que tenha pretensões intelectuais. Além do mero entretenimento, uma história em quadrinhos pode ter caráter informativo; institucional; educativo; didático e, até, de propaganda (ideias políticas). Um bom exemplo são as tiras de Mafalda, criação do cartunista argentino Quino (pseudônimo de Joaquim Lavado), cuja aparente ingenuidade muitas vezes camuflava sérias críticas à ditadura militar na Argentina.

Historieta de Mafalda, criação do argentino Quino, que faz críticas políticas contundentes sob uma imagem de aparente ingenuidade

História em quadrinhos e memória

Outro ponto importante a ser considerado, com relação à inclusão e utilização de quadrinhos no ensino de História, é o de que nem toda história em quadrinhos é necessariamente ficcional. Muitas histórias em quadrinhos têm caráter autobiográfico ou semiautobiográfico: pretendem reconstruir momentos da própria vida de seus autores. Uma história em quadrinhos autobiográfica é, antes de tudo, um relato de certas memórias de um autor. Ela não é uma reconstituição dos fatos a que se refere, tal como aconteceram, mas a sua recriação, do modo como são lembrados pelo autor; ou, mesmo, como ele gostaria que ficassem registrados para a posteridade. Tais memórias se referem a fatos direta e indiretamente relacionados com a vida do autor, em lugares e tempos determinados. Estão, portanto, dentro de um contexto histórico específico.

Entre os quadrinhos de caráter autobiográfico podemos destacar os seguintes:

Capas de *Maus*, de Art Spielgelman: "fábula adulta" sobre a perseguição nazista aos judeus

- *Maus*: obra que reconta o drama dos judeus durante o nazismo. O autor, Art Spielgelman, sueco radicado nos Estados Unidos, conta a trajetória do pai, um judeu polonês que sobreviveu ao holocausto. Spiegelman utiliza com eficácia o antigo recurso de animais antropomorfizados, tão comum nas histórias infantis, para construir uma fábula adulta – os judeus são retratados como ratos e os nazistas, como gatos. A aparente simplicidade do traço que, à primeira vista, pode disfarçar a densidade da trama, é proposital: o desenho é puramente funcional, ou seja, o artista adota um estilo de desenho econômico (apenas os traços essenciais) em favor da narrativa. O próprio autor aparece na obra conversando com o pai, ambos retratados como ratos. *Maus* foi a primeira história em quadrinhos a ganhar um Prêmio Pulitzer de Literatura, conquistado em 1992.

Páginas de Gen, de Keiji Nakazawa:
o drama japonês durante a Segunda Guerra Mundial

• *Gen: Pés Descalços:* Conta a história de uma família japonesa em Hiroshima, durante os anos da Segunda Guerra Mundial (quando a primeira bomba atômica foi lançada sobre a cidade) e da ocupação norte-americana no Japão. Gen, o garoto protagonista da história, é o *alter ego* do autor, Keiji Nakazawa, ele próprio vítima da bomba atômica que destruiu a cidade, quando tinha apenas sete anos. Além de condenar os Estados Unidos pelo uso de armas atômicas contra civis japoneses, no final da guerra, o autor também não poupa críticas contra a política militarista e expansionista adotada pelo próprio governo japonês, durante os anos do conflito. Ele denuncia, por exemplo, a utilização de civis chineses e coreanos em trabalho escravo para contribuir no esforço de guerra; além do discurso racista, segundo o qual os japoneses eram um "povo superior". Trata-se, enfim, de uma obra de cunho humanista, de pacifismo sincero, contra a guerra e todas as formas de violência – racismo, xenofobia etc.

Quadrinho de *No coração da tempestade*, de Will Eisner: denúncia contra o antissemitismo na sociedade norte-americana

- *No coração da tempestade*: autobiografia propositadamente mal-disfarçada do desenhista norte-americano Will Eisner, criador do herói mascarado Spirit. A obra mostra a infância e a juventude do autor, filho de imigrantes judeus vindos da Europa, em Nova Iorque, durante os anos da Grande Depressão e da Segunda Guerra Mundial. Entre os aspectos abordados na história estão o antissemitismo na sociedade norte-americana; as rivalidades entre as diferentes colônias de imigrantes que se estabeleceram em Nova Iorque; a ascensão do Nazismo; e a repercussão da Revolução Russa (o pai de uma namorada de infância de Eisner era marxista).

Essas três obras, além de serem todas de cunho autobiográfico, possuem em comum o fato de remeterem ao período da Segunda Guerra Mundial. Vale notar que, apesar de serem três visões diferentes, elas não se contrapõem. Ao contrário, se complementam, pois cada uma delas enfoca aspectos e cotidianos diferentes.

O ANACRÔNICO, O VEROSSÍMIL E O INVEROSSÍMIL NOS QUADRINHOS

Os quadrinhos que contêm anacronismos também podem ser aproveitados no ensino de História, a começar pelo próprio fato de, em si, servirem como exemplos que podem ajudar o estudante a compreender o conceito de anacronismo. Esse conceito pode parecer óbvio para os historiadores e professores de História, mas também por demais abstrato e de difícil compreensão para estudantes do ensino básico. Uma série em quadrinhos conhecida por seus anacronismos é a do Príncipe

O Príncipe Valente, no traço de Hal Foster: os muitos anacronismos são deliberados

Valente, herói criado por Harold Foster (1892-1982) – ou simplesmente Hal Foster, como costumava assinar seus trabalhos –, desenhista canadense radicado nos Estados Unidos. O Príncipe Valente estreou nos jornais norte-americanos em 13 de fevereiro de 1937, publicado apenas aos domingos. As suas aventuras são ambientadas numa Idade Média idealizada, que mescla elementos de diferentes épocas: armaduras dos séculos XIII e XIV; vikings do século IX; Átila, o Huno, que morreu no ano 453, figura como contemporâneo do lendário rei Arthur, que, se existiu mesmo, teria reinado no século VI.

Tais anacronismos não decorreram de suposta ignorância ou de um equívoco do autor. Muito pelo contrário, para criar as aventuras do Príncipe Valente, Foster dedicou horas de pesquisa em bibliotecas e museus, munindo-se de um grande volume de referências iconográficas para desenhar as histórias. Para desenhar cada página, Foster dedicava dias; uma semana, pelo menos, tal era o zelo e o perfeccionismo do artista. No entanto, Foster pretendia usar a História apenas como fonte de inspiração para criar um mundo de fantasia, tão fictício quanto os reinos onde se passam as aventuras narradas pelo escritor J.R. Tolkien, na popular série de livros *O senhor dos anéis*. No entanto, por mais fictício e anacrônico que seja o mundo criado pela imaginação de Foster, a principal matéria-prima de sua criação foi constituída na História. Portanto, os anacronismos presentes nas aventuras do Príncipe Valente são propositais, não podendo ser chamados de erros. Eis dois passos que devem ser dados, caso se pretenda utilizar os quadrinhos do Príncipe Valente no ensino de História:

A. O professor deve mediar a leitura dos quadrinhos, chamando a atenção para os anacronismos. Assim, os "erros" podem servir como ponto de partida para informações historicamente corretas, contribuindo para a construção do conhecimento.

B. O professor deve indagar aos estudantes quais teriam sido as referências utilizadas pelo artista na concepção das personagens e no desenho dos trajes, dos cenários (castelos, cidades etc) e das armas (espadas, escudos, catapultas etc) mostrados nos quadrinhos. Alguns exemplos de perguntas que podem ser feitas: "Ele imaginou tudo isso sozinho?"; "Vocês já viram algo parecido antes?". "No que ele se inspirou para criar tudo isso?" A nossa pretensão é a de que o estudante perceba que toda criação artística não é fruto apenas da imaginação do autor, mas, também, daquilo que ele viu, leu, viveu etc. Afinal, o artista não é alguém que vive isolado do mundo, alheio à realidade que o cerca. Ele é parte de uma sociedade real, em época e lugar específicos.

Vale destacar também que o anacronismo, quando proposital, também pode ser usado para fins satíricos, o que pode conferir grande poder de crítica. Entre os quadrinhos que utilizam o anacronismo dessa forma, podemos destacar o já mencionado Asterix e as tiras de Hagar, o Horrível, o simpático viking criado pelo norte-americano Dik Browne (1917-1989), e as do Mago de Id – também publicadas com o título de *O Feiticeiro* –, criadas pela dupla de norte-americanos Johnny Hart e Brant Parker.

Nas tiras de Hagar – que, desde a morte de Browne, são assinadas por seu filho, Chris Browne, que começou como assistente do pai –, encontramos um viking que, na verdade, é igual a um pai de uma típica família norte-americana. Hagar quer tomar cerveja com os amigos, mas é sempre repreendido por sua esposa matrona, Helga. Ele também não consegue compreender os filhos – Hamlet, que prefere os livros às

Hagar, o Horrível: personagem viking em situações contemporâneas

diversões da maioria dos meninos da sua idade, e Honi, uma jovem que pretende se tornar uma guerreira e não uma dona de casa, mas que ainda sonha com o seu "príncipe encantado". Em *O Mago de Id*, apesar das histórias aparentemente serem ambientadas num reino medieval (não obstante a presença de televisores, cinema e outros elementos anacrônicos), os autores ironizam vários aspectos da realidade atual: feminismo, campanhas eleitorais, pesquisas de opinião, aumento da carga tributária, advogados trapaceiros etc.

Independentemente de uma história em quadrinhos conter ou não anacronismos, de ser baseada ou não em fatos verídicos, um conceito que convém ser trabalhado pelo professor que pretenda utilizar os quadrinhos no ensino de História é o de verossimilhança. Uma história fictícia pode ou não ser verossímil. Por exemplo, as tiras do Zé do Boné (no original Andy Capp), criação do cartunista inglês Reg Smythe, apesar de ficcionais, apresentam personagens críveis: um marido que só quer saber de beber no boteco e de jogar futebol com os amigos; a esposa, uma dona de casa que, apesar de tudo, o sustenta etc. Podemos encontrar vários casais semelhantes a esse na vida real.

Zé do Boné e Flô: representantes típicos da classe média baixa

Além dos aspectos mais universais, digamos assim, o Zé do Boné reflete especialmente a sociedade de classe média baixa inglesa, com todos os seus preconceitos, costumes e idiossincrasias. Representa uma crítica àquela sociedade. Trata-se de uma história em quadrinhos que apresenta, ainda que com algum exagero, situações verossímeis, além de satirizar o machismo e, de certa forma, a sobrevivência da sociedade patriarcal em nossos dias. O próprio criador das tiras disse certa vez, numa entrevista, que para criar o casal Zé do Boné e Flô se inspirou nos próprios pais.

Uma forma de se utilizar as tiras do Zé do Boné em sala de aula é solicitar aos alunos que identifiquem e relacionem dois grupos de elementos: o grupo de elementos, por assim dizer, universais, que poderiam ser encontrados em diferentes culturas e sociedades (inclusive a brasileira), e os que indicam tratar-se de situações inspiradas no cotidiano inglês. Um dos elementos que ajuda a diferenciar, por exemplo, o Zé do Boné, uma história em quadrinhos tipicamente inglesa, de uma história em quadrinhos norte-americana, é a presença do "nosso" futebol, o *soccer* (corruptela de "*Association Football*"), inventado na própria Inglaterra; tão popular lá quanto no Brasil, mas pouco difundido nos Estados Unidos.

Outro elemento bem inglês encontrado nas tiras do Zé do Boné são os *pubs*, os famosos bares ingleses, frequentados tanto por homens quanto por mulheres, inclusive donas de casa; fato incomum nos botecos daqui. As tiras do Zé do Boné também podem ser consideradas uma crítica ao chamado *welfare State*, o Estado do bem-estar social, pois o personagem principal, apesar de nunca ter trabalhado na vida (tampouco interessado em arranjar um emprego), também se sustenta com o seguro-desemprego pago pela previdência social inglesa.

Outro bom exemplo de série em quadrinhos cuja maior parte dos roteiros trata de situações e personagens verossímeis é a de Ken Parker, criação dos italianos Giancarlo Berardi (roteirista) e Ivo Milazzo (desenhista). Diferente dos outros heróis de faroeste, Ken Parker (criado em 1974, à imagem e semelhança do ator norte-americano Robert Redford) prefere usar a inteligência e o diálogo aos punhos e ao revólver. Narradas em um tom intimista e reflexivo, suas histórias mostram um faroeste habitado por homens e mulheres de carne e osso, pessoas sujeitas a falhas e paixões humanas, bem diferente da imagem romântica

Ken Parker, criação dos italianos Berardi e Milazzo: uma visão europeia da história dos Estados Unidos

e épica difundida nos velhos filmes de bangue-bangue, produzidos em Hollywood. Tema constante nas histórias de Ken Parker, e sempre mostrado de forma crítica, é a intolerância: o racismo em relação ao negro, ao índio, ao imigrante etc.

Entre as histórias absolutamente inverossímeis, podemos destacar as de Tarzan, criação do escritor norte-americano Edgar Rice Burroughs e as de Mogli, o menino-lobo, criação do escritor britânico Rudyard Kipling. As aventuras de Tarzan foram várias vezes adaptadas para os quadrinhos, por diversos artistas e em diferentes versões (inclusive na versão da Disney) assim como as de Mogli, cuja versão em desenho animado, produzida pela Disney, também foi adaptada para os quadrinhos.

Como explicar que crianças criadas na selva por animais selvagens – macacos, no caso de Tarzan, e lobos no caso de Mogli –, longe de qualquer convívio com outros seres humanos, e, portanto, de qualquer contato com a cultura (exclusiva dos seres humanos) tenham sido capazes de aprender sozinhas a andar em posição ereta e a falar? É de se lembrar que apesar de outras espécies animais também viverem em sociedade, elas não possuem e nem produzem cultura. Há algumas histórias verídicas de seres humanos adotados por animais selvagens, mas, em todos os casos, essas pessoas além de não saberem falar, apenas grunhir, tinham também sérios desvios de coluna, pois andavam de quatro, imitando suas "famílias adotivas".

Outros exemplo de histórias inverossímeis são as aventuras dos super-heróis norte-americanos. Como explicar que o Super-Homem e outros heróis vivam em um mundo onde viagens interplanetárias, e até para outras épocas (no passado e no futuro), e universos paralelos sejam corriqueiros, sem que isso cause transformações tecnológicas, culturais e socioeconômicas para o resto da humanidade? Como explicar que o milionário Bruce Wayne, identidade secreta do Batman, tenha construído sozinho, mesmo com toda a sua fortuna, a bat-caverna e todos os seus bat-equipamentos sofisticadíssimos (batmóvel; batcóptero etc)?

Os super-heróis somente podem existir no mundo da fantasia e não no mundo real. Isso não significa que não existam histórias em quadrinhos de boa qualidade de super-heróis, ou que elas devam ser desprezadas. Significa, apenas, que elas são pura fantasia– e não há, absolutamente, nada de mal nisso. Mas mesmo as histórias mais fantasiosas podem refletir a realidade de seu tempo e tratar de questões pertinentes para o ensino da História. Os X-Men, conhecidos super-heróis mutantes dos quadrinhos, adaptados com grande sucesso para o cinema, são um exemplo disso. Criados por Stan Lee e Jack Kirby no início da década de 1960, eles refletem determinados aspectos da sociedade norte-americana daquela época, e ainda atuais: a discriminação racial, a campanha dos Direitos Civis, liderada pelo pastor Martin Luther King, e os conflitos étnicos nos Estados Unidos.

O discurso do Professor Xavier, por exemplo, o mutante telepata que lidera o grupo de heróis, guarda semelhanças com os de Luther King: ambos defendem direitos iguais e a convivência pacífica entre todos – seja entre mutantes e não mutantes, no caso de Xavier, seja entre negros e brancos, no caso de Luther King. Do mesmo modo, também encontramos semelhanças entre o discurso de Magneto, o mutante arqui-inimigo dos X-Men, e o discurso de outro líder negro norte-americano, Malcolm X: ambos defendem o uso de métodos violentos contra a maioria que discrimina os respectivos grupos a que pertencem. Magneto defende a guerra contra os não mutantes como única forma possível de livrar os mutantes da opressão; muito semelhante a Malcolm X, que defendia a rebelião de negros contra brancos. Assim, as aventuras dos X-Men podem ser vistas como uma crítica ao preconceito e à intolerância, tanto com relação aos negros como aos judeus, muçulmanos, estrangeiros, homossexuais e outras minorias.

X-Men: heróis que lutam contra a discriminação

Alunos podem criar suas HQs

Ao se utilizar histórias em quadrinhos no ensino de História, é também interessante que os professores procurem propor e desenvolver diferentes tipos de atividades em sala de aula. Além de questões dissertativas e outras atividades envolvendo a leitura, interpretação e discussão de quadrinhos, o professor pode também estimular a produção de histórias em quadrinhos pelos próprios alunos.

Esse tipo de atividade, além de permitir a interdisciplinaridade da História, Língua Portuguesa e Artes, pode estimular os estudantes a desenvolverem a competência de representar e comunicar (comunicação escrita, gráfica e pictórica). E também a habilidade de trabalhar em dupla: um aluno pode elaborar o roteiro da história em quadrinhos e outro, desenhá-la; ou em equipe: um pode escrever, outro fazer o desenho a lápis e passar para outro finalizar os desenhos com nanquim ou canetinha preta; e outros podem ainda se incumbir dos balões, das letras, e de colorir.

Atividades como essas também contribuirão para que os estudantes desenvolvam a criatividade; muitas vezes desestimulada no ensino tradicional. No entanto, para que não se perca de vista a especificidade da disciplina História, deve-se propor a criação de histórias em quadrinhos que explorem os conteúdos específicos da disciplina ou pertinentes ao assunto da aula. Por exemplo, pode-se propor que os alunos adaptem um texto historiográfico ou um documento de época para a forma de uma história em quadrinhos. Outra possibilidade é que cada grupo desenvolva uma história contada de um ponto de vista diferente. Exemplo: propor que cada grupo elabore uma história em quadrinhos ambientada no feudalismo. Um grupo pode criar uma história narrada pelo ponto de vista de um senhor feudal, outro, segundo a perspectiva de um camponês, e assim por diante.

Os desenhos dos alunos não precisam ser uma "obra de arte". Basta apenas que sejam funcionais, isto é, possam transmitir uma ideia com eficácia, comunicar os elementos contidos no roteiro. Não é necessário, por exemplo, que um aluno saiba desenhar realisticamente um cavalo, basta apenas que ele desenhe uma figura que seja minimamente identificada como tal. Ao solicitar que os alunos elaborem histórias em quadrinhos com temas históricos é conveniente pedir que façam uma pesquisa prévia em livros e fontes confiáveis a respeito do tema a ser trabalhado.

Tal pesquisa é necessária tanto para que os alunos desenvolvam procedimentos como checar, conferir, comparar e selecionar fontes como para que as histórias em quadrinhos criadas por eles não contenham anacronismos. Suponhamos que os alunos sejam solicitados a criar histórias em quadrinhos ambientadas no Brasil Colonial. Eles deverão considerar elementos como, por exemplo, vestimentas e objetos usados na época, os tipos de habitação etc. É importante que, na elaboração do roteiro, se atente para a linguagem empregada nos diálogos, que pode contribuir para caracterizar as personagens. Exemplos: um padre que tenha estudado teologia numa universidade europeia terá, provavelmente, um vocabulário mais rebuscado que o de um bandeirante, e um escravo deve conversar de maneira espontânea e informal com outro, mas não com o seu senhor.

A pesquisa é fundamental tanto para a elaboração do roteiro quanto para os desenhos. Um roteiro pode, por exemplo, conter informações historicamente corretas (datas, nomes, tipos de situação) mas apresentar desenhos que contenham anacronismos – escravos calçando tênis; a filha do senhor de engenho vestida de minissaia ou indo de "fio dental" para a praia. O uso proposital de anacronismos para fins satíricos pode tornar a atividade mais interessante, pois o humor se constituiu num excelente instrumento de crítica e de reflexão, haja visto os exemplos já citados que se valem desse recurso (Asterix, Hagar, Mago de Id entre outros). Para a elaboração dos desenhos, é importante que os alunos reúnam um bom número de referências – fotografias de peças de museus, registros iconográficos, ilustrações de fontes confiáveis etc. – que podem ser colhidas em bibliotecas e na Internet. Nesse caso, a orientação do(a) professor(a) quanto aos procedimentos necessários para a realização de uma boa pesquisa é da maior importância.

OS QUADRINHOS NO ENSINO DE ARTES

Todos os principais conceitos das artes plásticas estão embutidos nas páginas de uma história em quadrinhos. Assim, para o educador, as HQs podem vir a ser uma poderosa ferramenta pedagógica, capaz de explicar e mostrar aos alunos, de forma divertida e prazerosa, a aplicação prática de recursos artísticos sofisticados, tais como perspectiva, anatomia, luz e sombra, geometria, cores e composição.

Em primeiro lugar, deve-se ter em mente que o artista dos quadrinhos, assim como o pintor, esboça o trabalho antes de finalizá-lo. Em publicidade isso seria chamado de *layout* e em arquitetura, de *croqui*. Mas, para elaborar esse simples esboço, o artista precisa estar ciente das técnicas artísticas desenvolvidas desde o Renascimento. Veremos, a seguir, um pouco mais sobre algumas delas.

PERSPECTIVA

Assim como nas primeiras obras de arte da história da humanidade, inicialmente as histórias em quadrinhos pouco aplicavam os conceitos básicos da perspectiva. Mal comparando, podemos dizer que os primeiros quadrinhos, publicados no final do século XIX, equivaliam às pinturas feitas antes do Renascimento. Somente na segunda década do século XX encontraremos trabalhos de histórias em quadrinhos mais refinados em relação à perspectiva.

Por meio do chamado "ponto de fuga" – o ponto para onde convergem as linhas de uma determinada imagem – podemos criar a ideia de profundidade em um ambiente de duas dimensões, no caso, a folha de papel. Com apenas um ponto de fuga sobre uma linha do horizonte fictícia, por exemplo, podemos dar a ideia de um ambiente que se apresenta diante dos nossos olhos como uma estrada infinita. Nas artes da Renascença essa perspectiva surge nos primeiros quadros de Giotto e Masaccio. Nos quadrinhos, Windsor Mckay tratava com maestria a escolha de um ponto de fuga para construção de suas tiras já em 1907.

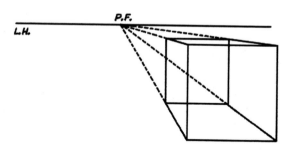

Exemplos do uso de perspectiva com apenas um ponto de fuga: todas as linhas do desenho convergem para o mesmo ponto

Com dois pontos de fuga temos o que chamamos de *corner*, ou *esquina*, em que podemos observar dois ângulos do objeto ao mesmo tempo. Esse tipo de perspectiva exige mais estudo e atinge um grau maior de proximidade com a realidade, possibilitando ao artista uma representação tridimensional e mais dramática da cena. O artista renascentista Andrea Mantegna de Pádua, por exemplo, nos idos de 1450, na Itália, utilizava com maestria esse recurso. Mantegna colocou pela primeira vez cenas de ângulos diferentes, como abaixo da linha do horizonte, ou bem acima. Nos quadrinhos da segunda década do século XX, Alex Raymond foi quem mais ousou nesse sentido, aplicando diferentes ângulos e perspectivas com dois pontos de fuga na suas tirinhas de Flash Gordon.

Trabalho de Andréa Mantegna, que lança mão de mais de um ponto de fuga, produzindo um notável efeito visual

Outra forma de retratar a cena seria utilizando três pontos de fuga. Usando ainda a linha do horizonte fictícia criamos dois pontos nesta e um terceiro em algum lugar acima ou abaixo. Esse ponto ajudaria a gerar a ilusão de observar algo de baixo ou de cima. Os artistas do chamado Renascimento Pleno utilizaram esse recurso em alguns de seus quadros, por volta da metade dos anos 1550, como os italianos

Sargento Rock, de Joe Kubert: riqueza de detalhes e perspectivas

Tintoretto de Veneza e Corregio de Parma. Para os quadrinhos as perspectivas criadas por Joe Kubert e John Buscema deram uma nova direção ao ato de contar uma história através de perspectivas com três pontos de fuga. As narrativas de personagens como Sargento Rock e Homem-Aranha desenhados por esses artistas eram repletas de ângulos inovadores e ousados.

A última perspectiva muito utilizada nos quadrinhos, principalmente nos quadrinhos de ação, é a chamada "olho de peixe", ou grande angular. Nessa perspectiva temos a ilusão de que todos os objetos observados estão muito próximos, o que causa uma certa distorção na composição, deixando as laterais curvas. Um dos primeiros a utilizar esta técnica foi o holandês Jan Van Eyck em seu quadro *Retrato de Casamento*, de 1434. Nos quadrinhos, a técnica foi utilizada por poucos artistas mais ousados, mas sem dúvida quem mais se utilizou dela foi Scott McDaniel no seu trabalho com *O Demolidor da Marvel* e *Asa Noturna* nos anos 90 do século XX.

O efeito "olho de peixe" em uma obra do holandês Van Eyck e numa HQ de Scott McDaniel

Além disso, podemos encontrar outros planos dentro de uma história em quadrinhos. As técnicas de perspectiva incluem também a distribuição de elementos em cena, a escala entre uma figura e outra e o nivelamento do piso em relação aos personagens e o observador. Esse tipo de trabalho ficava evidente nos quadros de Rafael em 1510, principalmente na obra *A Escola de Atenas*, em que podemos ver os personagens distribuídos pela escadaria.

Artistas de quadrinhos como Geoff Darrow têm uma preocupação especial com a confecção de perspectivas de ruas e locais com escadarias. Nesse sentido, sua distribuição em cena lembra muito o trabalho de Rafael. Assim como ele, outros artistas preferem trabalhar esse tipo de cena no que chamamos *splash page*, em que toda a página, às vezes duas, é utilizada para essa narrativa visual.

A Escola de Atenas, de Rafael, e uma página de HQ desenhada por Geoff Darrow: nos dois casos, vários planos compõem a mesma cena

Anatomia

Esse é outro ponto em que o Renascimento contribuiu decisivamente para a evolução das artes e, por extensão, com os desenhistas de quadrinhos. Antes dos estudos de anatomia renascentistas, as imagens possuíam proporções completamente errôneas. Atualmente, os artistas que desenham histórias em quadrinhos costumam levar muito a sério os estudos de anatomia humana, principalmente aqueles que trabalham com super-heróis. Mesmo quando encontramos distorções anatômicas nos desenhos atuais, podemos perceber que tais alterações são propositais e, quando não o são, elas são justamente um bom indicativo para se julgar a diferença entre um bom e um mau trabalho.

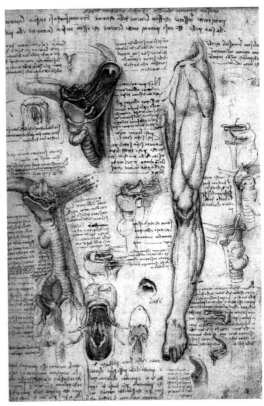

Estudos de anatomia
realizados por
Leonardo da Vinci

Na história da arte, pintores e escultores sempre procuraram retratar a imagem de um corpo ideal, cujas proporções seriam consideradas perfeitas. Os melhores exemplos históricos disso são as anatomias desenhadas por Michelangelo para a Capela Sistina em 1508 e por Botticelli em *O Nascimento de Vênus*. No entanto, as proporções do que seria o "corpo ideal" sofreram alterações ao longo do tempo – e não necessariamente correspondem aos parâmetros que temos hoje.

Historicamente, os antigos gregos estabeleceram que a altura do corpo humano ideal seria o equivalente a sete cabeças e meia, proporção que foi seguida pelos renascentistas. Contudo, mais recentemente, os artistas adotaram o padrão de oito cabeças, enquanto os super-heróis geralmente são desenhados na proporção de oito e meia e até nove cabeças. No Brasil, utiliza-se o padrão norte-americano e, na Europa, os personagens têm em média meia cabeça a menos, dependendo da escola anatômica que o artista segue. No Japão, existe uma tendência anatômica que deixa os personagens mais alongados e longilíneos, principalmente nos quadrinhos mais recentes. Podemos notar isso em séries como *One Piece*, *Shaman King* e *Yugi oh*.

Comparação entre as proporções humanas utilizadas em Conan e em um desenho oriental de Hiroyuki Takei

Mas talvez a forma mais fácil de identificar as diferenças históricas na representação da figura humana seja mesmo através do desenho dos personagens femininos. Assim como os pintores de períodos diferentes, os artistas dos quadrinhos revelam as mulheres como eternas musas e procuram recriar no papel seu sonho de mulher perfeita. Desse modo, as mulheres renascentistas eram retratadas, invariavelmente, com largos quadris, pois isso seria um sinônimo de fertilidade e indicava que ela seria capaz de gerar muitos filhos. Tal conceito de beleza na anatomia feminina durou por muito tempo, uma vez que a mulher era vista como esposa e não como companheira: ela deveria servir e não ser servida. Com o passar do tempo, essa visão estética mudou radicalmente.

A Vênus de Botticelli, ideal da mulher perfeita naquela época: quadris largos e corpo roliço

Se para alguns artistas renascentistas, expressionistas e impressionistas o padrão de beleza era a mulher com uma anatomia mais roliça, hoje o que impera é a anatomia esculpida nas academias ou aquela das passarelas e dos concursos de beleza. Afinal, a mulher não é mais apenas a reprodutora, mas sim alguém livre e independente, capaz de fazer seu próprio caminho. Ter filhos e servir não é mais um parâmetro de perfeição, a sedução, sim.

Também encontraremos diferenças anatômicas de natureza étnica. A anatomia presente nos quadrinhos norte-americanos, por exemplo, busca o padrão estético de modelos como Elle Macpherson ou Cindy Crawford, ou seja, quadril estreito e seios fartos. Já para os desenhistas de origem latina o ideal é a mulher de ancas largas, como o caso das personagens desenhadas por Mike Deodato, ou melhor, Deodato Filho, encarregado de dar um novo fôlego na personagem Mulher Maravilha da editora DC.

Dois padrões diferentes de beleza feminina: a Mulher Maravilha com traços latinos, de Deodato Filho e uma das louras desenhadas por Jim Lee

Para europeus como Millo Manara, o referencial de beleza é a mulher francesa, desenhada com perfeição. Outros artistas europeus procuram tal perfeição buscando em diferentes povos características anatômicas, como o caso de Serppieri, autor da personagem Druuna. Esta personagem tem característica de mulheres de vários locais da Europa e do Brasil.

Já nos quadrinhos japoneses chama atenção o tamanho dos olhos em relação ao rosto, característica marcante dos mangás e uma influência da obra de Ossamu Tezuka, um dos artistas de maior sucesso no Japão. Responsável por títulos que ficaram famosos no mundo inteiro como *A Princesa e o Cavaleiro* e *Kimba, o leão branco*, Tezuka inaugurou o padrão de grandes olhos nos quadrinhos japoneses, tendência que nos últimos anos mostra-se mais atenuada.

A Princesa e o Cavaleiro, de Ossamu Tezuka

Luz e Sombra

Trabalhar com luz e sombra foi sem dúvida o grande diferencial para o realismo, que resultou em uma percepção da imagem mais depurada. Os maiores representantes dessa linha de trabalho foram Caravaggio e Rembrandt, capazes de obter grandes efeitos de dramaticidade em suas obras. Mas as primeiras HQS só podiam contar com efeitos de luz e sombra em alto contraste ou em forma de hachuras, já que não havia técnica barata o suficiente para produção de peças coloridas em larga escala. Hoje, com o advento da computação e a diversidade de recursos no processo gráfico, observamos um barateamento no custo da produção de quadrinhos. Diversos artistas são contratados para colorir páginas de quadrinhos, e mais uma vez conceitos criados no Renascimento são trazidos à tona.

Enumeramos a seguir alguns exemplos notáveis de utilização do claro/escuro e da cor em HQS:

• *Sin City* de Frank Miller, que utiliza o jogo de luz e sombras como no cinema *noir*. Nessa obra fica evidente o alto contraste, pois só existem manchas de preto ou espaços em branco.

• Todos os quadrinhos da década de 80 desenhados pelos artistas da editora Marvel para títulos como *X-Men* utilizaram excesso de hachuras, que também é uma forma de trabalhar com luz e sombra em alto contraste, mas dessa vez tentando simular os meio-tons de cinza. Em revistas desenhadas por japoneses, como *Vagabond* de Inoue Takehiko e *Blade the Immortal* desenhada por Hiroaki Samura, a presença dessa técnica também é muito marcante.

• A relação de luz e sombra através da colorização surge com maior impacto com as revistas da Image dos anos 90. Dos títulos publicados no Brasil, destacam-se *Gen13*, *Wildcats*, *Extreme Force*, *Spawn* e *Glory*. Com esses trabalhos, podemos fazer uma analogia do início do Renascimento em relação a busca da forma, luz e sombra através da cor.

• Esse trabalho cresce ainda mais com o surgimento de empresas e equipes especializadas apenas em colorir quadrinhos, como a Liquid!, responsáveis pela colorização das melhores obras nos Estados Unidos. Para ver o trabalho desses artistas basta observar quadrinhos publicados pelo desenhista Joe Madurera, pois eles sempre trabalham juntos.

142

A partir desse ponto, os artistas podem ser comparados aos artistas do maneirismo ou barrocos, pelo excesso de técnicas empregadas. A cor chega a substituir o trabalho do próprio desenhista.

Composição

Para os professores de Artes que trabalham com composição, nada melhor que uma história em quadrinhos para revelar os segredos e a utilização dessa técnica. A distribuição de elementos em uma página, mais especificamente em um quadro, pode ajudar e muito na construção de cenários e na criação de conceitos estéticos. Os personagens e elementos gráficos sempre são distribuídos de acordo com os princípios de perspectiva e ângulos cinematográficos.

Em geral, os personagens principais estão em primeiro plano e os coadjuvantes, num plano posterior. Já o cenário tende a convergir para o protagonista, pois dificilmente encontraremos uma sequência em que os elementos se sobreponham ao foco narrativo visual, ou seja, ao ator principal. Em qualquer revista de quadrinhos podemos encontrar esse estudo de composição.

Da teoria à prática

Os quadrinhos podem ser utilizados em sala de aula não apenas para explicar elementos das artes plásticas, mas também como um exercício prático, uma oportunidade de discutir e praticar o processo criativo. Assim, incentive seus alunos a elaborarem suas próprias HQs. Para tanto, porém, é preciso que eles dominem os elementos que compõem uma história em quadrinhos. São eles: argumento, roteiro, esboços de personagens, esboços de páginas, lápis final, arte-final, letreiramento e colorização.

Em primeiro lugar, portanto, precisamos de um argumento, ou seja, definir a base da história, o que iremos contar. Nesse momento, vale tudo: um fato histórico, uma ficção ou até mesmo um devaneio.

Podemos abordar o desemprego, por exemplo, criando um personagem a partir de notícias de jornal ou matérias em revistas que abordem essa questão. A partir desse problema, geramos as expectativas do personagem principal e dos outros que o cercam.

O argumento é o pontapé inicial para a constituição do roteiro, que é a narrativa que conduz o leitor pelas ideias geradas a partir do argumento. Nele vamos encontrar toda a trama que envolverá não só o personagem principal como também os chamados personagens de suporte. A descrição da ação do personagem na história é chamada de *plot* e as suas falas ou pensamentos, de *script*. Dentro do roteiro podemos encontrar, além do *plot* principal, pequenas histórias que chamamos de *subplots*.

Temos o argumento (desemprego), partimos então para a elaboração do roteiro (descrição de toda a história), para o *plot* (descrição da ação do personagem principal), dos *subplots* (ação dos personagens amigos e/ou inimigos) e do *script* (fala e pensamento de cada personagem). Definido o roteiro, trabalhamos as características dos personagens.

Para cada personagem de maior importância é preciso um estudo à parte, pois precisamos definir qual será o comportamento dele. Por exemplo: a Mônica é briguenta, mas tem um bom coração e esconde sua feminilidade, pois tem medo de ser ridicularizada pelos meninos e sentir-se mais fraca. A partir daí, esse comportamento deve aparecer em todas as histórias. Assim, jamais veremos a Mônica desfilando arrumada ou sendo cruel com alguém. Os vilões também precisam ter seus porquês revelados, pois ninguém fica mau do nada. As motivações devem ser bem definidas.

Assim, a visão esquemática dessa primeira etapa na elaboração de nossa história em quadrinhos seria, por exemplo, mais ou menos assim:

A. Argumento: desemprego, reivindicações do garoto que queria trabalhar para ajudar a família, mas não podia porque era menor de idade e foi parar em uma gangue.

B. Roteiro: personagem andando pelas ruas debaixo de chuva encontra outro menino que lhe oferece um abrigo sob o papelão. Começam a conversar.

C. *Plot*: descrição da ação por páginas. Exemplo: página 1- Primeiro painel: menino andando na chuva (plano geral), rua cheia de caixas de papelão e carros amassados. Painel dois: *Close* do rosto do menino. Painel três: Plano americano mostrando os dois meninos.

D. *Subplots*: o mesmo que o número três, mas essas são descrições de ações paralelas à ação principal.

E. *Scripts*: exemplo: página 1- primeiro painel: João fala consigo mesmo: "Por que não consigo ajudar meus amigos e minha família?".

F. Descrição do protagonista: João é um garoto de 14 anos que fala pouco, gosta de jogar bola e é meio tímido. É admirador secreto de uma menina da escola, mas se acha muito feio para ela. Tem grande agilidade física e pensamentos rápidos. Gosta de usar *jeans*, mesmo no calor, por esse motivo cortou as pernas de uma calça e fez uma bermuda.

Esse seria um resumo de como começar a estruturar a história em quadrinhos. A partir desse ponto, começamos a desenhar as imagens para o texto. O primeiro passo, uma vez que já temos o perfil psicológico de cada personagem, é estudar e definir sua imagem, que deve ser baseada nos conceitos comportamentais descritos no roteiro. O personagem será desenhado em vários ângulos diferentes; esses estudos são chamados de *model sheet*.

Em geral, o *model sheet* contempla três ângulos básicos: frente, perfil e meio-perfil. Esse mesmo princípio deve ser aplicado a todos os protagonista da história. Dessa forma, o desenhista pode se familiarizar com as características físicas do personagem e, ao mesmo tempo, impor-lhe uma personalidade visual.

Após definirmos os atores, devemos partir para construção das locações. Nesse ponto, é importante empreender uma pesquisa dos diferentes locais que aparecerão na história. Juntando fotos, recortes de jornal e desenhos de outros artistas podemos criar um arquivo de referências que facilita muito na construção das cenas descritas no roteiro. Depois disso, passamos para o estudo das páginas, que devem ser desenhadas de acordo com o roteiro, no qual deve estar determinado o enquadramento de cada cena, geralmente obedecendo às mesmas regras do cinema.

Os desenhos devem ainda ser bem soltos (rabiscados) para definir apenas a distribuição dos quadros e o grau de importância de cada cena. Geralmente fazemos isso em tamanho A4 (21cm x 29 cm). O cenário é desenhado primeiro; depois, os personagens são colocados na cena.

Nessa construção, o normal é utilizar a perspectiva, mas isso depende do tipo de história e personagem que estão sendo criados. Em histórias infantis, costuma-se utilizar perspectivas mais simples, com apenas um ponto de fuga; já em histórias infanto-juvenis temos mais de um ponto de fuga e para o público juvenil-adulto temos três pontos de fuga. Mas isso não é uma regra, pois depende do roteiro e da capacidade de percepção do público leitor.

No caso da confecção de uma revista, é bom lembrar que toda revista é constituída pelo jogo de quatro páginas. Assim, a história em quadrinhos deverá necessariamente ter 4, 8, 12, 16 e assim por diante, para dar o que chamamos "jogo" de páginas. Durante a narrativa visual devemos nos lembrar de colocar a ênfase no último quadro, chamando para a próxima página. Isso deverá ser a união entre a ideia do roteiro com a linguagem da imagem.

O último quadrinho de cada página, como esta de *Combo Rangers*, deve servir de gancho para a página seguinte

Outra ação importante nos quadrinhos é o letreiramento, ou seja, colocar o texto nos quadros. Todo o processo descrito até aqui é feito em forma de esboço, a lápis. Os balões, espaços em que entra a fala do personagem, também devem ser esboçados. As linhas em que será escrito o texto devem ter no total seis milímetros de comprimento e três milímetros de distância entre uma e outra. A fonte, ou seja, a letra utilizada, deve ser de preferência bastão e maiúscula, para facilitar a leitura. Há uns dez anos, o letreiramento era feito à mão. Hoje, na elaboração de uma HQ profissional, todo ele é feito no computador. Assim, a construção dos balões na cena pode ser feita durante o desenho ou acrescida por meio do computador. Existe hoje uma infinidade de fontes para letreiramento, mas algumas são mais comuns, inclusive nos programas de processamento de texto mais utilizados, como o *Word*. Entre eles, destaca-se a fonte *Comics Sans*, embora empresas nos Estados Unidos tenham se especializado na criação de fontes específicas para personagens e editoras. É o caso da Comic Craft, empresa que cria fontes específicas para quadrinhos e as comercializa para vários lugares do mundo. A média de preço de uma fonte é de 50 dólares.

Já os barulhos e outros sons, as onomatopeias, podem ser desenhados com outros tipos de letras. Elas devem ter formatos diferenciados para expressar a ação. Quanto mais impacto tiver a ação, mais impressionante deve ser a onomatopeia. Para criar as onomatopeias, os artistas profissionais utilizam programas gráficos de computador. O mais comum é o *Adobe Illustrator*, porém o *Corel Draw* tem grande aceitação entre os independentes e fanzineiros.

Definidas as páginas e a posição dos personagens nas cenas, com suas respectivas falas, parte-se para o que os artistas chamam de lápis final. Nessa fase, todo o desenho é definido, limpando qualquer traço desnecessário. Isso ocorre porque nem sempre quem desenha é quem finaliza, ou seja, cobre de tinta a história em quadrinhos até aqui desenhada apenas a lápis. O excesso de traços pode confundir o arte-finalista; por esse motivo, alguns desenhistas preferem esboçar a história e depois passar a limpo em uma mesa de luz. Outro recurso usado é o lápis azul antes de usar o lápis grafite, pois ele não aparece na cópia xerox ou no escaneamento. Portanto, arte-finalizar uma história é dar o acabamento com tinta preta, nanquim, de preferência.

Exemplo de bom uso das onomatopeias em um quadrinho de *X-Men*

Mas o material usado varia de artista para artista. Alguns preferem trabalhar com caneta nanquim descartável, outros, com canetas recarregáveis; e também existem aqueles que só utilizam pincéis e bicos de pena. O importante é deixar claro que finalizar uma história em quadrinhos é cobrir o lápis com tinta, mas com extremo talento e cuidado. Os desenhistas de quadrinhos dizem que o arte-finalista pode "matar" uma história se ela for mal finalizada. Mas também existem aqueles capazes de "salvar" alguns trabalhos. No entanto, com o avanço da computação gráfica, a função do arte-finalista e até mesmo do letrista pode estar com os dias contados. Algumas revistas, por exemplo, não utilizam mais o arte-finalista, optando por aumentar a carga de trabalho do colorista, que em geral trabalha com o auxílio do computador.

Assim como o letreiramento, a colorização sofreu um sensível avanço com a computação gráfica. Esse trabalho antes era feito à mão, pintado geralmente com ecoline, uma espécie de aquarela líquida. Alguns artistas mais sofisticados trabalhavam com guache e outros apenas indicavam as cores que deveriam ser aplicadas sobre o desenho, através de fotolitos. Hoje, a maioria dos coloristas trabalha com o programa *Photoshop* ou com *Painter* e *Photoshop* ao mesmo tempo. Esses programas permitem aos coloristas aplicar diversos recursos que demandariam vários dias de trabalho. Assim, páginas que levavam dias ou semanas para ficarem prontas são resolvidas em algumas horas. Muitos fanzineiros (artistas de quadrinhos que se auto publicam de forma artesanal) optam por fazer a capa e contra capa da revista coloridas e o miolo, em preto e branco. Graças ao barateamento das cópias coloridas, nós podemos encontrar vez ou outra essas produções independentes com uma qualidade extremamente profissional.

No final, toda essa produção precisa ser montada para termos a revista propriamente dita. Mais uma vez o computador entra em ação. Os programas trabalhados para montar uma revista são os mesmos programas de diagramação utilizados por jornalistas e publicitários, como o *Adobe Pagemaker* e o *Quark Express*. Alguns artistas também utilizam o *Corel Draw*, correndo o risco de ter um arquivo mais pesado no final do serviço. Basicamente são com esses programas que os artistas profissionais de quadrinhos costumam trabalhar, mas com as facilidades e avanços tecnológicos podemos encontrar pessoas utilizando esses programas no computador de casa.

Com todas as páginas montadas, agora é só imprimir e a revista está pronta. Quem sabe, entre seus alunos, não desponta um surpreendente talento para o fascinante mundo dos quadrinhos?

BIBLIOGRAFIA

ACEVEDO, Juan. *Como fazer histórias em quadrinhos*. São Paulo: Global, 1990.

ALMEIDA, Lúcia Fabrini de. *Espelhos míticos da cultura de massa*: cinema, TV e quadrinhos na Índia. São Paulo: Annablume, 1999.

ANGOLOTI, Carlos. *Cómics, títeres y teatro de sombras*: três formas plásticas de contar histórias. Madrid: Ediciones de La Torre, 1990.

APARICI, Roberto. *El comic y la fotonovela en el aula*. 2.ed. Madrid: Consejería de Educación y Cultura, 1992.

ASSUMPÇÃO JR., Francisco B. *Psicologia e histórias em quadrinhos*. São Paulo: Casa do Psicólogo, 2001.

BAGNO, Marcos. *O preconceito linguístico*: o que é, como se faz. 4.ed. São Paulo: Loyola, 2000.

BALLESTEROS, Antonio; DUÉE, Claude (coord.) *Cuatro lecciones sobre el cómic*. Cuenca: Ediciones de la Universidad de Castilla-La Mancha, 2000.

BARBIERI, Daniele. *Los lenguajes del cómic*. Barcelona: Paidós, 1998.

BARON-CARVAIS, Annie. *La historieta*. México, DF: Fondo de Cultura Económica, 1989.

BITTENCOURT, Circe (org.) *O saber histórico na sala de aula*. São Paulo: Contexto, 1998.

BRASIL-Secretaria da Educação Fundamental - *PCNs: terceiro e quarto ciclos, apresentação dos temas transversais*. Brasília: MEC/SEF, 1998.

BRASIL-Secretaria da Educação Fundamental - *PCNs: geografia*. Brasília: MEC/SEF, 1998.

CAGNIN, Antonio Luiz. *Os quadrinhos*. São Paulo: Ática, 1975.

CALAZANS, Flávio Mário de Alcântara. *História em quadrinhos na escola*. São Paulo: Paulus, 2004.

CALAZANS, Flávio (org.), *As histórias em quadrinhos no Brasil*: teoria e prática. São Paulo: Intercom; Unesp, 1997.

CARLOS, Ana Fani. (org.) *A geografia na sala de aula*. São Paulo: Contexto, 1999.

CAVALCANTI, Ionaldo A. *Esses incríveis heróis de papel*. São Paulo: Mater, s.d.

CAVALCANTI, Ionaldo A. *O mundo dos quadrinhos*. São Paulo: Símbolo, 1977.

CIRNE, Moacy. *A explosão criativa dos quadrinhos*. 5.ed. Petrópolis: Vozes, 1977.

CIRNE, Moacy. *Os feras do quadrinho brasileiro*. Rio de Janeiro: FUNARTE, s.d.

CIRNE, Moacy. *História e crítica dos quadrinhos brasileiros*. Rio de Janeiro: Europa; FUNARTE, 1990.

CIRNE, Moacy. *Uma introdução política aos quadrinhos*. Rio de Janeiro: Angra/Achiamé, 1982.

151

CIRNE, Moacy. *A linguagem dos quadrinhos*: o universo estrutural de Ziraldo e Maurício de Sousa. 4.ed. rev. e amp. Petrópolis: Vozes, 1975.

CIRNE, Moacy. *Quadrinhos, sedução e paixão*. Petrópolis: Vozes, 2000.

DORFMAN, Ariel; MATTELART, Armand. *Para ler o Pato Donald*: comunicação de massa e colonialismo. 2.ed. Rio de Janeiro : Paz e Terra, 1978.

ECO, Umberto. *Apocalípticos e integrados*. São Paulo: Perspectiva, 1976.

EISNER, Will. *Graphic storytelling & visual narrative*. Tamarac, FL.: Poorhouse Press, 2001.

EISNER, Will. *Quadrinhos e arte sequencial*. São Paulo: Martins Fontes, 1989.

FEIJÓ, Mário. *Quadrinhos em ação*: um século de história. São Paulo: Moderna, 1997.

FERNÁNDEZ GÓMEZ, Jorge David; VEJA GONZÁLEZ, Carmen Lasso de la; PINEDA CACHERO, Antonio (coord.) *Cómic, comunicación y cultura*: el cómic en el nuevo milenio. Sevilla: Facultad de Ciencias de la Información, Universidad de Sevilla, 2001.

FRATINI, Eric; PALMER, Oscar. *Guia básica del cómic*. Madrid: Nuer Ediciones, 1999.

GARCÍA SÁNCHEZ, Sergio. *Sinfonía gráfica*: variaciones en las unidades estructurales y narrativas del cómic. Barcelona: Glenat, 2000.

GOIDANICH, Hiron Cardoso. *Enciclopédia dos quadrinhos*. Porto Alegre: L&PM, 1990.

GOTTLIEB, Liana. *Mafalda vai à escola*: a comunicação dialógica de Buber e Moreno na educação, nas tiras de Quino. São Paulo: Núcleo de Comunicação e Educação da Escola de Comunicações e Artes da Universidade de São Paulo; Iglu, 1996.

GROENSTEEN, Thierry. *História em quadrinhos*: essa desconhecida arte popular. João Pessoa: Marca de Fantasia, 2004.

GUBERN, Roman. *Literatura da imagem*. Rio de Janeiro: Salvat Ed. do Brasil, 1980.

HIGUCHI, Kazuko Kojima. Super-Homem, Mônica & cia. CITELLI, Adilson (coord.). *Aprender e ensinar com textos não escolares*. São Paulo: Contexto, 2002. v. 3.

IANNONE, Leila Rentroia; IANNONE, Roberto Antonio. *O mundo das histórias em quadrinhos*. 5.ed. São Paulo: Moderna, 1994. 89p.

IKOMA, Fernando. *A técnica universal das histórias em quadrinhos*. São Paulo: Edrel, s.d.

ILARI, Rodolfo. *Introdução ao estudo do léxico*: brincando com as palavras. São Paulo: Contexto, 2002.

JACOBSEN, Udo. *Leyendo comics*: una guía introductoria al lenguage de la historieta. Santiago de Chile: Ediciones Ojo de Buey, 2001.

KLOCK, Geoff. *How to read superhero comics and why*. New York; London: Continuum, 2002.

KOCH, Ingedore Villaça. *A coesão textual*. 17.ed. São Paulo: Contexto, 2002.

LACOSTE, Yves. *A geografia: isso serve, em primeiro lugar, para fazer a guerra*. Campinas: Papirus, 1988.

LUYTEN, Sonia Bibe (org.) *Histórias em quadrinhos*: leitura crítica. 2.ed. São Paulo : Paulinas, 1985.

LUYTEN, Sonia Bibe. *Mangá*: o poder dos quadrinhos japoneses. São Paulo: Hedra, 2000.

LUYTEN, Sonia Bibe. *O que é história em quadrinhos*. São Paulo: Brasiliense, 1985.

MARTINS, José de Souza. "Tio Patinhas no Centro do Universo". In: *Sobre o modo capitalista de pensar*. 2. ed. São Paulo: HUCITEC, 1980. p. 3-18.

McCLOUD, Scott. *Reinventing comics*: how imagination and technology are revolutionizing an art form. New York: Perennial, 2000.

McCLOUD, Scott. *Understanding comics*: the invisible art. New York: Harper-Perennial, 1994.

MIRANDA, Orlando. *Tio Patinhas e os mitos da comunicação*. 2.ed. São Paulo: Summus, 1978.

MAGNUSSEN, Anne; CHRISTIANSEN, Hans-Christian (eds.) *Comics & culture*: analytical and theoretical approaches to comics. Copenhagen: Museum Tusculanum Press, 2000.

MARCUSCHI, Luiz Antônio. *Da fala para a escrita*: atividades de retextualização. São Paulo: Cortez, 2001.

MARNY, Jacques. *Sociologia das histórias aos quadradinhos*. Porto: Livraria Civilização, 1970.

MEJÍA G., Perucho. *Semiótica del cómic*. Santiago de Cali: Instituto Departamental de Bellas Artes, 2001.

MENDONÇA, Márcia Rodrigues de Souza. *Um gênero quadro a quadro: a história em quadrinhos*. PAIVA, Ângela; BEZERRA, Anna Raquel; BEZERRA, Maria Auxiliadora (org.). *Gêneros textuais & ensino*. Rio de Janeiro: Lucerna, 2002.

MOYA, Álvaro de. *Anos 50/50 anos*: São Paulo 1951/2001: Edição comemorativa da Primeira Exposição Internacional de Histórias em Quadrinhos. São Paulo: Ed. Ópera Graphica, 2001.

MOYA, Álvaro de. *História da história em quadrinhos*. Nov. Ed Ampliada. São Paulo: Brasiliense, 1996.

MOYA, Álvaro de. *Shazam!* São Paulo: Perspectiva, 1970.

NEVES, Maria Helena de Moura. *Que gramática estudar na escola?* Norma e uso na Língua Portuguesa. São Paulo: Contexto, 2003.

NYBERG, Amy Kiste. *Seal of approval*: the history of the comics code. Jackson: University Press of Mississippi, 1998.

OLIVEIRA, Ariovaldo Umbelino (org.). *Para onde vai o ensino da geografia?* São Paulo: Contexto, 1990.

PEETERS, Benoit. *Case planche récit*: lire la bande dessinée. Belgique: Casterman, 1998.

PIMENTEL, Sidney Valadares. *Feitiço contra o feiticeiro*: histórias em quadrinhos e manifestação ideológica. Goiânia: Centro Editorial e Gráfico da UFG, 1989.

PONTUSCHKA, Nídia Nacib. O perfil do professor e o ensino/aprendizagem da geografia. In: *Cadernos CEDES*, Campinas, Papirus, n. 39, p. 57-63, 1996.

POSSENTI, Sírio. *Os humores da língua*: Análises linguísticas de piadas. Campinas: Mercado de Letras, 2000.

PRETI, Dino (org.) *Análise de textos orais*. 4.ed. São Paulo: Humanitas, 1999.

PRETI, Dino. *Sociolinguística*: os níveis da fala. 9.ed. São Paulo: EDUSP, 2000.

QUELLA-GUYOT, Didier. A história em quadrinhos. São Paulo: Unimarco; Edições Loyola, c1994.

ROCHA, E. *Trazos y monitos*. México, D.F.: Selector, 1998.

ROLLAN MÉNDEZ, Mauro; SASTRE ZARZUELA, Eladio. *El comic en la escuela*: aplicaciones didácticas. Valladolid: Instituto de Ciencias de la Educación, Universidad de Valladolid, 1986.

SANTOS, Roberto Elísio dos. *Para reler os quadrinhos Disney*: linguagens, evolução e análise de HQs. São Paulo: Edições Paulinas, 2002.

SILVA, Diamantino da. *Quadrinhos para quadrados*. Porto Alegre: Bels, 1976.

SILVA, Nadilson Manoel da. *Fantasias e cotidiano nas histórias em quadrinhos*. São Paulo: Annablume; Fortaleza: Secult, 2002.

SILVA, Silvano Alves Bezerra da. *A reclusão da pedagogia e a pedagogia da reclusão*: estudo a partir de uma história em quadrinhos. João Pessoa: Universidade Federal da Paraíba, 1989.

URBANO, Hudinilson. *Oralidade na literatura*: o caso Rubem Fonseca. São Paulo: Cortez, 2000.

VARNUM, Robin; GIBBONS, Christina T. (eds.) *The language of comics*: word and image. Jackson: University Press of Mississippi, 2002.

VICH, Serge. *La história en los comics*. Ediciones Glénat, 1997.

VESENTINI, José William. *Para uma geografia crítica na escola*. São Paulo: Ática, 1992.

WALKER, Mort. *Backstage at the strips*. New York: Mason; Charter, 1975.

WITEK, Joseph. *Comic book as history*. University Press of Missisippi, 1989.

OS AUTORES

Angela Rama – Especialista em Ensino de Geografia pela PUC-SP e mestranda em Geografia Humana pela USP. Atua como professora nas redes de ensino pública e particular e como palestrante em cursos de formação de professores. Também colabora com editoras de livros didáticos, prestando assessoria pedagógica e produzindo textos, atividades e leituras críticas.

Waldomiro Vergueiro – Doutor em Ciências da Comunicação pela Escola de Comunicações e Artes (ECA) da USP, em que é coordenador do Núcleo de Pesquisa de Histórias em Quadrinhos. Autor de vários artigos sobre HQS em revistas especializadas nacionais e internacionais. Membro do Conselho Editorial dos periódicos *International Journal of Comic Art* e *Revista Latinoamericana de Estudios de la Historieta*.

Alexandre Barbosa – Mestrando em Comunicação e Cultura pela Escola de Comunicação e Artes da USP. Atua como ilustrador, chargista e professor universitário.

Túlio Vilela – Bacharel e Licenciado em História pela USP, é professor da rede pública de ensino do estado de São Paulo. Tem resenhas e artigos sobre quadrinhos publicados em periódicos do Brasil e do exterior. Escreveu roteiros de HQS para a Editora Abril Jovem e teve vários cartuns de sua autoria expostos em salões de humor nacionais.

Paulo Ramos – Jornalista e professor. Doutorando em Filologia e Língua Portuguesa na USP. Professor de Língua Portuguesa em cursinhos pré-vestibulares e de jornalismo na Universidade Metodista. Na imprensa, trabalhou na *Folha de S. Paulo* e TV Cultura.

CADASTRE-SE
EM NOSSO SITE,
FIQUE POR DENTRO DAS NOVIDADES
E APROVEITE OS MELHORES DESCONTOS

LIVROS NAS ÁREAS DE:

História | Língua Portuguesa
Educação | Geografia | Comunicação
Relações Internacionais | Ciências Sociais
Formação de professor | Interesse geral

ou
editoracontexto.com.br/newscontexto

Siga a Contexto
nas Redes Sociais:
@editoracontexto